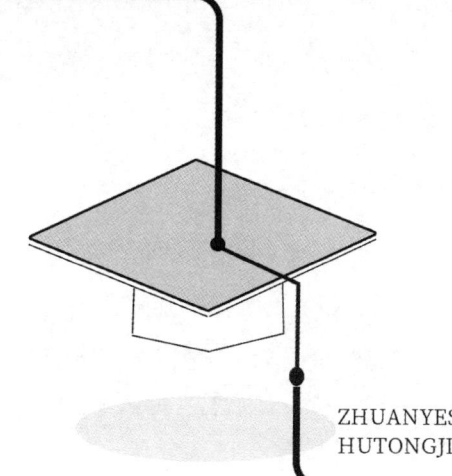

ZHUANYESHUOSHI PEIYANG YU ZHIYEZIGE DE
HUTONGJIZHI YANJIU YU SHIJIAN

专业硕士培养与职业资格的互通机制研究与实践

邱冬阳 ◎ 著

中国政法大学出版社

2020·北京

前　言

我国于1990年首次设立专业型硕士学位——工商管理硕士（MBA），经过二十多年的发展，专业型硕士学位研究生（以下简称"专业硕士"）培养在人才选拔、培养模式、管理体制等方面积累了丰富的经验，也取得了一定的成绩。但也存在一系列突出问题，主要表现在以下几个方面：培养数量不足；专业硕士与学术型硕士学位研究生（以下简称"学术硕士"）同质化倾向严重；教学条件尚未达到专业硕士培养要求；专业硕士培养与职业资格衔接性不强等。而职业资格也因为管理体系的差异，其与专业硕士培养在衔接上存在难度。加之近年来推行的"放管服"改革等，相关部门、高校、职业资格认证部门、行业协会以及企业对于专业硕士培养的参与度不高。这使得专业硕士培养与职业资格互通缺乏有效的中间桥梁；专业硕士培养体系不够健全，进而缺乏专业硕士培养与职业资格互通的有效经验；导致在当前环境下，实现专业硕士培养与职业资格的互通存在一定的难度。

对此，本书通过分析研究英国、澳大利亚、德国、韩国等国的做法，借鉴国外先进的专业硕士培养与职业资格互通模式，结合我国专业硕士培养与职业资格教育存在的问题，得出结论：要想实现专业硕士培养与职业资格的互通，要从专业硕士培养模式改进、职业资格认证体系完善、行业协会协调作用强化、专业硕士学位研究生教育与职业资格认证衔接机制建设等方面出发，设计突出行业协会中间协调作用的专业硕士培养与职业资格互通的作用机制，并建立配合互通机制顺利运行的激励保障措施。

为评估专业硕士培养和职业资格的互通效果，以及为互通机制的优化和改进提供反馈，本书设计了模糊综合评价体系。在评价体系的设计中，使用了模糊综合评判和层次分析法（AHP），通过层次分析法确定各影响因素的权重，再将该指标体系应用于重庆理工大学会计专业硕士（MPAcc）和资产评估专业硕士（MV）的培养中，评估专业硕士培养点的综合水平和互通效果。

本书对专业硕士培养与职业资格互通机制的设计进行理论研究，通过建立模糊综合评判体系对互通机制的运行效果进行实证分析，以期完善我国专业硕士教育体系，并为全国各高校专业硕士学位教育的科学定位、教育理念转变、培养质量提高、专业硕士教育目标实现起到一定的推动作用和较好的示范作用，助推专业硕士教育为我国社会经济发展培养更多合格的专业硕士层次的高级应用型专门人才。

目录

第一章 绪 论 　　001

第二章 文献综述 　　005

2.1 专业硕士培养文献综述 　　005
2.1.1 专业硕士培养体系的发展历程 　　005
2.1.2 专业学位的概念及定位 　　006
2.1.3 专业硕士的培养现状 　　008

2.2 职业资格制度文献综述 　　009
2.2.1 我国的职业资格制度发展历程 　　010
2.2.2 我国职业资格制度现状及特点 　　010
2.2.3 借鉴国外的经验 　　011

2.3 专业硕士培养与职业资格互通文献综述 　　013
2.3.1 专业硕士培养与职业资格互通的典型案例 　　013
2.3.2 专业硕士培养与职业资格互通的问题 　　014
2.3.3 专业硕士培养与职业资格互通的改革路径 　　015

2.4 文献述评　　　　　　　　　　　　　　016

第三章　专业硕士培养与职业资格制度现状分析　018
3.1 专业硕士培养现状分析　　　　　　　018
3.1.1 专业硕士社会认同程度不高　　　019
3.1.2 专业硕士招生数量逐年增加　　　020
3.1.3 专业硕士地域分布不均衡　　　　021
3.1.4 专业硕士类别分布比较广泛　　　023
3.1.5 专业硕士、学术硕士同质化倾向严重　028
3.1.6 专业硕士教学条件资源受限　　　029
3.1.7 专业硕士培养质量有待提高　　　030
3.1.8 专业硕士监督机制尚不健全　　　031
3.2 职业资格制度现状分析　　　　　　　032
3.2.1 职业资格考核形式单一　　　　　034
3.2.2 行业协会参与度不高　　　　　　036
3.2.3 职业资格的社会认可度不高　　　037
3.2.4 职业资格认证呈现多部门认证与管理的局面　039
3.2.5 职业资格制度调整变化频繁　　　040

第四章　专业硕士培养与职业资格互通分析　042
4.1 专业硕士培养与职业资格的关联性　　042
4.2 基于问卷调查的专业硕士培养与职业资格互通分析　043
4.2.1 调查问卷设计　　　　　　　　　043

4.2.2 效度分析　　046
　　4.2.3 调查问卷的数据统计分析　　052
4.3 专业硕士培养与职业资格互通现状　　061
　　4.3.1 专业硕士数量远远小于职业资格数量，互通数量有限　　061
　　4.3.2 与职业资格有明确对应的专业硕士比例偏低，互通基础薄弱　　062
　　4.3.3 专业硕士培养质量与职业资格有差异，存在互通障碍　　065
4.4 专业硕士培养与职业资格互通不畅的主要原因　　066
　　4.4.1 政府与行业协会（学会）关系尚未理顺，互通方式不明确　　066
　　4.4.2 专业硕士培养质量不高，业界缺乏互通动力　　067
　　4.4.3 职业资格认证制度不健全，高校缺乏互通保障　　067
　　4.4.4 专业学位相比职业资格发展滞后　　068
　　4.4.5 专业硕士教育与行业协会、职业资格认证的相关度不强　　069
　　4.4.6 学历证书与职业资格证书缺乏互认基础　　069
　　4.4.7 专业硕士培养与职业资格的衔接机制建设不足　　070

第五章　国外专业硕士培养与职业资格互通的主要模式　　071

5.1 英国模式　　071

5.1.1 英国职业教育背景简述 071
5.1.2 英国职业资格基本框架 072
5.1.3 英国模式对我国专业硕士培养与职业
资格互通的启示 075
5.2 澳大利亚模式 076
5.2.1 澳大利亚职业资格基本框架 076
5.2.2 澳大利亚模式对我国专业硕士培养与
职业资格互通的启示 078
5.3 德国模式 079
5.3.1 德国职业教育背景简述 079
5.3.2 德国"双元制"模式 079
5.3.3 德国模式对我国专业硕士人才培养与
职业教育的启示 082
5.4 韩国模式 083
5.4.1 韩国国家技术资格鉴定体系 083
5.4.2 韩国模式对我国专业学位教育与
职业教育的启示 084

第六章 专业硕士培养与职业资格互通机制的设计 086
6.1 专业硕士培养与职业资格互通的必要性 086
6.1.1 专业硕士培养与职业资格互通能有效实现
协同创新 086
6.1.2 专业硕士培养与职业资格互通是培养X型
人才的重要途径 087

6.2 互通设计的原则　　　087
 6.2.1 分摊共赢原则　　　087
 6.2.2 可持续发展原则　　　088
 6.2.3 职业发展导向原则　　　089
6.3 现有专业硕士培养与职业资格互通的典型模式及启示　　　090
 6.3.1 互通中引入第三方评估机构　　　090
 6.3.2 获取职业资格有一定难度　　　091
 6.3.3 互通的职业资格要有含金量　　　092
6.4 专业硕士培养与职业资格互通机制总体设计　　　093
 6.4.1 以行业协会为纽带形成专业硕士培养与职业资格互通　　　094
 6.4.2 以培养内容为核心形成专业硕士培养与职业资格互通　　　095
 6.4.3 以市场需求为导向形成专业硕士培养与职业资格互通　　　097

第七章　专业硕士培养与职业资格互通机制的实践——以重庆理工大学为例　　　099

7.1 重庆理工大学专业硕士培养概况　　　099
7.2 现有政策下资产评估专业硕士培养与职业资格互通的做法　　　101
 7.2.1 资产评估专业硕士培养以市场为先导　　　101
 7.2.2 加强专业硕士培养单位与行业协会的互通关系　　　102

7.2.3 专业硕士培养课程的制定以职业信息
反馈为导向ㅤㅤ102

7.2.4 专业硕士培养注重教学体系的创新ㅤㅤ103

7.3 现有政策下会计专业硕士培养与职业资格互通的做法ㅤㅤ104

7.3.1 聘请校外合作导师ㅤㅤ104

7.3.2 开办 MPAcc 大讲堂专业讲座ㅤㅤ105

7.3.3 与注册会计师协会及税务机关建立
长期合作关系ㅤㅤ106

7.3.4 建立科研教学一体化机制ㅤㅤ106

7.4 现有政策下专业硕士培养与职业资格互通取得的初步成效ㅤㅤ107

7.4.1 会计专业硕士培养取得的初步成效ㅤㅤ107

7.4.2 资产评估专业硕士培养取得的初步成效ㅤㅤ111

第八章 专业硕士培养与职业资格互通机制的评判ㅤㅤ116

8.1 基于模糊综合评判的专业硕士培养互通质量评估体系的设计ㅤㅤ116

8.1.1 指标体系设计ㅤㅤ116

8.1.2 指标体系解释及赋值ㅤㅤ118

8.1.3 指标体系权重的确定ㅤㅤ127

8.2 模糊综合评判体系的应用
——以重庆理工大学 2014 年 MV 为例ㅤㅤ136

8.2.1 建立模糊评价矩阵ㅤㅤ137

8.2.2 模糊综合评判　138

　　8.2.3 综合评判结果　139

8.3 模糊综合评判追踪应用

　　——以重庆理工大学2018年MV为例　139

　　8.3.1 资产评估专业硕士培养与职业资格

　　　　互通的新做法　139

　　8.3.2 模糊综合再评判

　　　　——以2018年MV为例　142

8.4 2014年~2018年MV互通获得相应职业资格

　　证书学生比例情况对比分析　143

第九章　专业硕士培养与职业资格互通机制的对策建议　145

9.1 实现互通机制的政策建议　145

　　9.1.1 强化行业协会与专业学位教育指导委员会的

　　　　参与协调作用　145

　　9.1.2 扩大专业学位授予类型，顺应任职资格

　　　　发展的需要　146

　　9.1.3 加大国家职业标准的开发力度　146

　　9.1.4 探索建立专业硕士培养与职业资格的互通机制　147

9.2 互通机制运行的保障激励措施　148

　　9.2.1 积极发挥政府在互通机制中的重要作用　148

　　9.2.2 加大劳动和社会保障部的参与力度　148

9.2.3 提高专业硕士培养院校的"硬件"和"软件"
实力 ... 149
9.2.4 加大相关部门利益补偿 ... 149
9.3 互通机制具体做法的对策建议 ... 150
9.3.1 加强师资队伍建设和多渠道筹措办学经费 ... 150
9.3.2 设立校内导师与职业资格的互通通道 ... 151
9.3.3 加强校内资源与校外资源的优势互补 ... 152
9.3.4 产学研一体化 ... 152
9.3.5 建立专业硕士案例库，实现云共享 ... 153
9.3.6 注重科研能力的培养 ... 154
9.3.7 加强对实践教学的组织、管理与考核评估 ... 155
9.3.8 加强实践环节的质量监控 ... 156
9.3.9 加强宣传，营造有利于专业硕士
的就业环境 ... 157

第十章 结论与展望 ... 159
10.1 主要研究结论 ... 159
10.2 后续研究展望 ... 162

参考文献 ... 164

后 记 ... 171

附 录 ... 175
附录一：专业硕士培养与职业资格互通调查问卷 ... 175

（一）专业硕士培养与职业资格互通研究的调查
　　　　问卷——学生版　　　　　　　　　　　175
　　（二）专业硕士培养与职业资格互通研究的调查
　　　　问卷——社会版　　　　　　　　　　　178
附录二：重庆理工大学 MPAcc 校外合作导师名单
　　　　（部分）　　　　　　　　　　　　　　182
附录三：重庆理工大学 MBA 校外合作导师名单
　　　　（部分）　　　　　　　　　　　　　　186
附录四：2012 年~2018 年重庆理工大学 MPAcc
　　　　大讲堂汇总（网站）　　　　　　　　　192
附录五：重庆理工大学资产评估硕士（MV）
　　　　专业学位研究生课程设置表　　　　　　197
附录六：中国 40 种硕士专业学位概览　　　　　　200
附录七：现存 139 种职业资格（全名）　　　　　　212
附录八：注册会计师与资产评估师考试
　　　　要求（2018 年）　　　　　　　　　　　216
附录九：重庆理工大学专业学位硕士研究生校外
　　　　合作指导教师聘任办法　　　　　　　　220

第一章
绪 论

专业硕士是随着现代科技与社会的快速发展,针对社会特定职业领域的需要,培养有较强的专业能力和专业素质,能够创造性地从事实际工作的高层次应用型专门人才而设置的一种学位类型。专业硕士学位(Professional Master Degree)研究生教育经过二十多年的发展,为社会培养了大批高层次应用型人才,在产学研合作培养模式和双导师制等方面都积累了丰富的成功经验,但存在与职业资格衔接脱节、互通程度不高等问题。早期攻读专业学位研究生的主要是在职人群,不用担心就业问题,因此专业硕士与职业资格联系的问题没有得到过多的关注。但随着2009年国家大力调整研究生类型结构,开始大幅度招收全日制专业学位硕士研究生以来,专业硕士发展迅猛,招生比例和招生专业都有大幅度增加,全日制专业学位硕士研究生教育的一系列问题逐一暴露:社会认可度不高、生源数量不足、与学术硕士学位(Academic Master Degree,曾经叫作科学硕士学位)研究生培养模式趋同等。因此,在此背景下,建立专业硕士培养与职业资格互通机制,加强专业与职业的衔接就显得尤为重要。

本书拟通过研究解决以下问题:在分析我国专业硕士教育及职业资格发展现状的基础上,结合国外先进的二者互通经验,设计适合中国教育特色的专业硕士培养与职业资格互通机制;

从专业硕士培养的利益相关者理论角度出发，提出制定保障专业硕士培养与职业资格互通机制顺利运行的可行性措施；建立专业硕士培养与职业资格互通机制的模糊综合评判体系，对笔者所在重庆理工大学现有的会计专业硕士、资产评估专业硕士的培养水平进行客观评估，以期为专业硕士教育的可持续发展提供参考及建议。

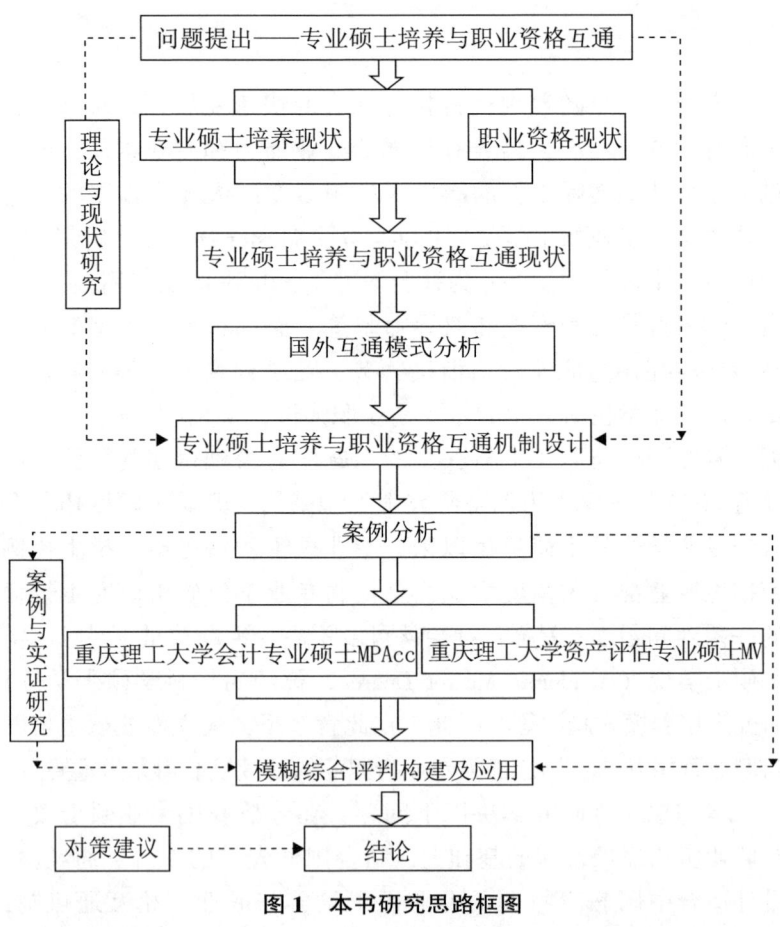

图 1　本书研究思路框图

第一章 绪 论

本书的研究思路如图 1 所示,以理论研究、案例研究、比较研究相结合,遵循提出问题、分析问题、设计解决方法、案例剖析与评估和对策建议的研究范式,并尽量吸收国内外近期的研究文献,我国出台的专业硕士培养、职业资格两方面的最新文件,以突出研究的问题导向。本书在提出我国专业硕士培养与职业资格互通程度较低、衔接性不强的问题后,通过对我国专业硕士培养与职业资格互通现状及国外经典互通模式的分析研究,结合我国实际教育环境,采用机制设计的方法,设计出专业硕士培养与职业资格互通机制及保障措施。并将其应用到重庆理工大学的会计专业硕士(MPAcc)和资产评估专业硕士(MV)的培养之中,结合模糊综合评判方法,对重庆理工大学的会计专业硕士和资产评估专业硕士的培养水平及互通水平进行综合评估,根据评估结果提出相应的对策建议。

本书的具体结构是:第一章为绪论,主要说明选题背景及意义。第二章为文献综述。第三章详细介绍了我国专业硕士培养与职业资格教育的现状,分析得出专业硕士培养存在教学条件受限、与学术硕士同质化倾向严重等问题,这些问题的存在给专业硕士培养与职业资格互通带来了一定的阻力。第四章重点分析了互通的现状及互通不畅的原因,分析得出专业学位硕士研究生教育质量不高,行业界缺乏衔接动力;职业资格认证制度处于探索阶段,培养单位缺乏衔接保障;政府与行业协会关系尚未理顺,衔接方式不明等问题的存在使得互通难度加大。我国开办专业学位的时间不长,还未形成完整的专业硕士人才培养体系,在培养管理模式上还缺乏一定的经验,对此,第五章介绍了其他国家对于专业硕士培养与职业资格互通的先进做法和模式,对我国互通模式的建立提供参考和借鉴。第六章重点介绍了在吸收了国外先进做法和我国经典模式之后,运用机制设计的方法，从变更专业学位硕士研究生教育模式、优化职业资格认证制度、强化行业协会对专业学位设立与职业资格认证的参与力度以及互通机制保障措施等层面对专业硕士培养与职业资格互通机制进行可操作性设计，同时提出了保障互通机制顺利运行的激励措施及对策建议。第七、八章为实证分析，选取重庆理工大学的会计专业硕士（MPAcc）和资产评估专业硕士（MV）为例，分析其对互通的具体做法，采用模糊数学分析方法，设计模糊综合评判体系，对专业硕士培养效果与互通水平进行科学合理的评价。第九章为对策建议，在我国专业硕士培养与职业资格教育的现状；在二者互通现状分析基础上，借鉴国外的互通模式以及互通机制设计为原则，结合重庆理工大学的案例，提出了政策建议，保障措施以及具体的对策建议。第十章为结论与展望。

第二章

文献综述

2.1 专业硕士培养文献综述

2.1.1 专业硕士培养体系的发展历程

国内众多学者认为,专业学位硕士研究生教育随着一系列的政策调整和制度变迁大致经历了三个阶段,但在时间节点的划分和代表事件的界定上各有各的看法。张海英认为三个阶段分别是:开始于1984年由西安交大等11所高等工科院校向原国家教育委员提交《关于培养工程类硕士生的建议》的萌芽阶段(1984年~1988年)、以1988年国务院学位委员会第八次会议决定在医科着手研究职业学位为代表事件的初步发展阶段(1988年~1996年)以及以1996年审议通过的《专业学位设置审批暂行办法》为代表事件的逐步制度化、规范化和快速发展阶段(1996年至今)。[1] 与张海英不同,陈静认为第一阶段是应用型硕士学位的探索尝试阶段(1981年~1989年),主要代

---

〔1〕 参见张海英:"我国专业学位教育发展策略研究",天津大学2006年硕士学位论文。

表性事件仍然是西安交大等 11 所高等工科院校向原国家教育委员提交的《关于培养工程类硕士生的建议》；第二阶段是专业学位的初步发展阶段（1990年~1997年），以1990年国务院学位委员会在第九次会议上讨论并提出了若干决议为标志；第三阶段是专业学位的全面发展阶段（1997年至今），从1997年招收在职人员就读开始，标志着专业学位职业性特征开始走向成熟。[1]廖湘阳、周文辉[2]的观点与前者差异较大，他们将专业学位硕士研究生教育发展历程分为以下三个阶段："应用型高层次专门人才培养试点阶段（1984年~1989年）、专业学位正式发展与推广阶段（1990年~2008年）、专业学位加快发展阶段（2009年至今）"。

2.1.2 专业学位的概念及定位

专业学位的概念及定位，是我国专业学位硕士研究生发展历程中的核心问题。国务院学位委员会在2010年11月印发的《硕士、博士专业学位研究生教育发展总体方案》中明确了专业学位的基本概念，"专业学位是随着现代科技与社会的快速发展，针对社会特定职业领域的需要，培养具有较强的专业能力和职业素养、能够创造性地从事实际工作的高层次应用型专门人才而设置的一种学位类型。专业学位具有相对独立的教育模式，具有特定的职业指向性，是职业性与学术性的高度统一。"别敦荣等人从专业与职业、专业教育与职业教育、专业学位与职业资格证书、专业学位与科学学位之间的关系入手，准确把握专业学位的概念及定位，认为"专业学位区别于职业资格证

---

[1] 参见陈静："我国专业学位研究生教育发展问题研究"，西南大学2013年博士学位论文。

[2] 参见廖湘阳、周文辉："中国专业学位硕士研究生教育发展反思"，载《清华大学教育研究》2017年第2期。

书在于专业学位是专业教育的标记,是教育机构向受教育者颁发的一种标志其教育程度和水平的证书""专业学位区别于科学学位在于专业学位更加注重应用和实践教育,在较高层次的学位教育中,更注重应用性开发性研究、创新与设计"。总体来说,专业学位研究生的培养目标是培养掌握某一专业(或职业)领域坚实的基础理论和宽广的专业知识,具有较强的解决实际问题的能力,能够承担专业技术或管理工作,具有良好的职业素养的高层次应用型专门人才[1]。"它是我国研究生教育的重要组成部分,对于高层次专业人才的培养有着举足轻重的作用"[2]。不同的学者对我国专业学位硕士研究生培养定位存在差异化看法,这些看法看似不尽相同,实则都有一个核心——实践。张乐平等人认为"职业性""实践性""领域性"是专业学位硕士研究生培养目标的核心要素;黄锐认为专业硕士培养模式应该以实践能力培养为核心;曹杰等人认为创新与实践是专业学位硕士研究生教育之魂;吴华杰等人认为专业学位硕士研究生教育的哲学基础是认识论哲学和政治论哲学的结合,依托的是医疗、农业、教育、商业、法律、公共政策等应用型学科领域,其知识的特点是适用性。专业教育的本质是"做中学"、工学结合、产学合作。相比之下,邱丹阳等人则认为我国专业学位硕士研究生培养是"需求导向型"硕士研究生培养模式的探索与创新,专业硕士培养应面向市场、面向我国经济和社会发展的客观需求。

准确把握专业学位硕士研究生教育的定位,积极发展专业学位硕士研究生教育,对于完善学位制度,构建多元化的学位

---

[1] 参见黄宝印:"我国专业学位研究生教育发展的新时代",载《学位与研究生教育》2010年第10期。

[2] 参见章晓莉、郁诗铭:"我国专业学位硕士研究生培养模式的反思与改革",载《学位与研究生教育》2012年第10期。

与研究生教育体系,使研究生教育有效地适应我国经济社会快速发展的需要,有关键性作用。

2.1.3 专业硕士的培养现状

近几年来国内各高校(此处高校包括其他一些非高校的专业硕士培养单位,为了表述方便,统称高校)针对专业学位硕士研究生培养现状的相关研究,主要分为对现存问题的总结和特色培养模式的归纳总结。目前,中国专业学位硕士研究生教育发展的问题,归根结底有三大类:专业学位与职业资格的关联问题、专业学位硕士培养的特殊性问题、制度设计与实践操作的落差问题[1]。

其中,极具代表性的有学者钟振国等人通过对浙江省H师范大学全日制教育硕士近五年的相关数据分析和现状调查,发现专业硕士研究生招生规模和影响力日益扩大,考生接受度日渐提高,但其课程、教学与学术硕士研究生的培养并没有明显的分野。张帆等人则通过自拟问卷的形式,针对浙江大学农学院在读全日制农业推广专业硕士研究生进行了问卷调查和统计,发现相对于学术硕士研究生而言,全日制农业推广专业硕士研究生教育存在主动报考率低、实践课时不足、培养模式"趋同化"、导师指导不足、应用型特点不突出等一系列问题。类似地,李明德等人对我国新闻与传播专业硕士研究生培养现状进行梳理,发现存在的主要问题是特色不明显、快速发展与整体办学模式趋同、尚未跳出"学术型"培养模式的教学框架。当然了,除了上述的三个学科之外,也有学者针对临床医学、图书馆学、护理学、艺术学等多个专业硕士研究生类别的培养现

---

[1] 参见廖湘阳、周文辉:"中国专业学位硕士研究生教育发展反思",载《清华大学教育研究》2017年第2期。

状加以探究。在已有的模式当中，极具代表性的有上海高校以"六化"为核心的专业学位人才培养模式、上海"5+3"人才培养模式、华东农业大学的"四螺旋"培养模式、重庆科技学院的"2461"培养模式、南京邮电大学的"螺旋提升型"培养模式以及南京艺术学院的分类培养模式等。总体来说，学界主要是从不同的学科、高校切入，具体分析我国专业硕士培养现状及特征。

2.2 职业资格制度文献综述

职业资格是对从事某一职业所必备的学识、技术和能力的基本要求，反映了劳动者为适应职业劳动需要而运用特定的知识和技术的能力。职业资格与职业劳动的具体要求密切结合，更直接、更准确地反映了特定职业的实际工作标准和操作规范，以及劳动者从事该职业所达到的实际工作能力与水平。职业资格在我国分为两类：从业资格和执业资格。从业资格是指从事某一职业的学识、技术和能力的起点标准[1]，由各种协会向公众提供的服务型资格认定，是单纯技能型的资格认定，不具有强制性[2]。执业资格是指国家对某些责任较大、社会通用性强、关系公共利益的职业或者专业实行准入控制，如统一考试、注册和颁发执照等，不允许没有资格的人从事规定的职业，具有强制性，是劳动者依法独立开业或从事某一特定职业（专业）学识、技术和能力的必备标准。

---

[1] 参见张涵："我国职业资格证书制度发展对策研究"，载《职业技术教育》2008年第16期。

[2] 参见石金涛、陈琦："职业资格制度的发展：人力资本理论的观点"，载《科学管理研究》2003年第6期。

2.2.1 我国的职业资格制度发展历程

我国的职业资格制度，起源于 20 世纪 50 年代中期开始实施的工人技术等级考核制度。这个制度主要在企业内部运行，长达 20 年之久。1992 年~1994 年期间，一系列法律规定的颁布，企业工人技术等级制度开始被改造为社会化管理的国家职业资格制度。之后的十年，我国职业资格证书制度完成了几大成就：颁布了第一部《中华人民共和国职业分类大典》，为一系列职业和工种颁布了国家职业标准，组织推动了全国职业技能教育和培训工作，开发完成了主要职业和工种的国家职业技能鉴定题库，对 2000 个以上的职业和工种的劳动者进行了职业技能鉴定。在之后的发展过程中，职业资格飞速发展，但也滋生出多种乱象。2013 年以后，国务院分 7 次取消了 434 项职业资格许可认定事项。2017 年 9 月，人力资源和社会保障部下发了《关于公布国家职业资格目录的通知》，首次向社会公布 139 项国家职业资格，包括专业技术人员职业资格 58 项，技能人员职业资格 81 项[1]。

2.2.2 我国职业资格制度现状及特点

我国职业资格制度的现状，从制度体系上看，我国职业资格和职业技能鉴定体系属于国家证书制度体系；从认证方式上看，我国职业技能鉴定采用了国际上通行的第三方认证的现代认证；从考试性质上看，我国职业技能鉴定考试属于标准参考的考试模式；从鉴定内容上看，我国的职业技能鉴定采用了职

---

[1] 参见孟凡华："职业资格认证的政策期待"，载《职业技术教育》2017 年第 27 期。

业导向的内容体系[1]。

我国学者对职业资格制度总结出的最常见的四大问题：落实效果不佳、管理混乱、认证主体模糊以及认证与技术的不同步。比如，吕忠民指出我国职业资格制度的四大问题：职业资格证书在基层执行贯彻不到位；国家职业资格标准滞后；国外资格证书在境内无序认证活动；证出多门，名目繁杂重叠。在后续的发展过程中，职业资格制度也未脱离这四大问题。蒋晓旭、郭雪梅在公认的四大问题的基础上，加入了独到的见解：培训认证部门偏重认证的经济效益，认证教育有发展为认证经济的趋势；培训认证普遍有重知识、轻能力，重书面考试、轻实际操作的倾向。谢晶认为我国职业资格制度还存在国际资格互认工作进展缓慢的问题。目前，我国仅有少数职业与有关国家或者地区的职业资格互认取得了一定进展，今后应该随着我国"走出去"战略，尤其是"一带一路"的国家战略的实施，不断推动职业资格走出去。

2.2.3 借鉴国外的经验

发达国家的职业资格认证体系发展比我国早，也更成熟。尽管国家制度有所不同，采取的管理方式也有差异，但是研究和借鉴国外优秀的经验也能对构建我国职业资格认证体系产生一些有益的启示。对比和学习国外的职业资格制度也是我国学者广泛研究的内容。

英国是世界上实行职业资格制度最完善的国家。[2]英国国

---

[1] 参见陈宇："我国职业资格证书制度的回顾与前瞻"，载《教育与职业》2004年第1期。

[2] 参见石金涛、陈琦："职业资格制度的发展：人力资本理论的观点"，载《科学管理研究》2003年第6期。

家职业考试证书制度的主要特点可大致归纳为几点：建立了国家统一和国际互认的职业资格证书制度、职业资格证书与学历文凭并重、职业资格证书制度的标准体系是以企业和雇主的需要为导向的、现场考试方式以结合实际工作为主以及严格的质量管理[1]。英国、德国、法国和澳大利亚等国家在职业资格证书认证与管理方面有相同的做法：国家行政机关主要负责立法，职业资格认证由专业组织、行业协会和中介机构组织与管理。

德国的国家职业资格框架，是基于欧洲职业资格框架下开发的，德国职业资格框架体系总体是由纵向上划分的8个"资格等级"和横向上归入的30多种"资格类型"构成。由职业"资格等级"和"资格类型"构成的二维框架结构分别是从资格的纵向发展属性和资料来源及应用范畴多样化属性对资格进行进一步划分。德国职业资格框架标准的特点是：基于整合能力观的学习成果导向、跨领域的综合性职业资格框架及标准体系构建、以职业资格等级描述为重点的资格标准构建、以职业教育与培训领域为难点的资格类型标准构建。[2]德国国家职业资格框架的诸多特点也为我国提供了宝贵经验。

澳大利亚的国家职业资历框架建设开始于1995年，按知识、技能和应用三个维度标准划分的10级水平框架囊括了学校、职业教育培训及高等教育这三个界别所颁授的14种资历。该框架的主要特点是使学术和职业资历齐高，此外，该框架为人们提供了灵活多变的跨界教育级培训途径，配合终生教育的理念。[3]

---

[1] 参见蒋晓旭、郭雪梅：“完善中国职业资格认证与管理制度的思考”，载《中国高教研究》2006第2期。

[2] 参见谢莉花、余小娟：“德国资格框架的资格标准构建：内容、策略与启示”，载《高教探索》2019年第5期。

[3] 参见谢晶："国际视野下国家资历框架对我国职业资格制度改革的启示借鉴"，载《中国行政管理》2018年第8期。

2.3 专业硕士培养与职业资格互通文献综述

2.3.1 专业硕士培养与职业资格互通的典型案例

专业硕士培养与职业资格互通的模式，公认的也是最主流的四大方式，分别是招生、课程、实践环节以及学位授予体系的全方位衔接；职业资格和专业学位研究生互为报考条件；职业资格考试部分科目免考；以行业认证为基础，减免考试或缩短实践环节时间[1]。各个高校在专业硕士培养与职业资格互通工作的开展过程中，也是围绕以上四种方式。

2010年以前，我国在专业学位研究生教育与职业资格认证对接机制方面，已经有一些成功的案例，主要有汉语国际教育硕士学位与"汉语作为外语教学能力证书"衔接；会计专业硕士与英国的特许公认会计师协会（The Association of Chartered Certified Accountants，简称"ACCA"）的全面对接，协会对获得会计专业硕士学位后报考ACCA的人员实行9门课程的免试；[2]我国建筑学专业硕士学位与注册建筑师对接，采取的对接方式是缩短职业实践时间；工程专业硕士学位（部分领域）通过课程设置覆盖60%的高级设备监理师知识点与高级注册设备监理工程师对接，监理工程硕士取得学位后可申请高级设备监理师资格，而且无需参加培训考核部分；项目管理领域工程专业硕士学位与国外职业资格认证对接，高校向国际组织申请获得国

---

[1] 参见李阳、贾金忠："全日制专业学位研究生教育与职业资格认证衔接的模式、影响因素及改革路径"，载《学位与研究生教育》2017年第6期。
[2] 参见郭蕾、贾爱英、生玉海："对专业学位研究生教育与职业任职资格教育结合的思考"，载《学位与研究生教育》2010年第12期。

外学位课程的认证;[1]翻译专业硕士学位教育与翻译专业资格（水平）证书双向衔接，翻译硕士要求在毕业前必须去参加二级口译或笔译翻译专业资格（水平）考试，并且翻译硕士在校期间参加二级口译或笔译翻译专业资格考试可免试"综合能力"科目。

近几年，除了已有互通领域的进一步发展，还有许多以前未开展互通工作的专业硕士领域开始尝试互通，比如电子与通信工程领域、法学领域、图书情报领域等。其中互通成果比较丰硕的专业硕士是工程专业硕士，由于其细分的领域多，且开始互通工作较早，工程专业硕士与国内外权威学会都有一定程度的对接。

2.3.2 专业硕士培养与职业资格互通的问题

专业硕士培养与职业资格认证虽然隶属于两种不同性质的制度，由于专业学位的特定职业指向这一属性，专业硕士培养与职业资格认证在实践发展中却日益呈现出内在的关联性……虽然有少数专业硕士培养与职业资格认证存在一定程度的衔接，然而我国目前大部分专业学位与职业资格认证之间仍然没有建立起有效的相互衔接的关系。[2]专业硕士培养与职业资格认证衔接主要受制于专业学位对应职业的专业化程度与人才培养的质量、行业职业资格准入制度的完备性以及岗位标准的系统性、高校对专业学位研究生教育的认识等因素。以上因素的牵制，导致专业硕士培养与职业资格互通问题凸显。

常见的问题包括行政程序不通畅；找不到利益的最大结合

---

[1] 参见李娟、孙雪、穆晓星："专业学位与职业资格认证对接机制的案例研究与要素分析"，载《研究生教育研究》2012年第6期。

[2] 参见张淑林、夏清泉、陈伟："专业学位研究生教育与职业资格认证相衔接的有关问题探讨"，载《研究生教育研究》2013年第1期。

点；专业硕士培养的目标与质量规格与行业人才需求标准的契合度有待磨合；个别行业有强烈的职业专属特征，但是却没有统一的职业资格认证；职业资格体系不完善。[1]具体来说，专业学位研究生教育发展的速度依旧滞后于职业资格认证发展，专业学位课程目标和专业设置与社会发展实际和行业要求不同步，课程内容与职业资格标准脱节；专业硕士培养与职业资格互通存在管理体系上的制度障碍，高校没有也无法进行相关的职业资格培养与认证政策；专业硕士培养与职业资格互通机制建设力度不足。

2.3.3 专业硕士培养与职业资格互通的改革路径

要实现专业学位与职业资格认证的有效衔接，需要政府、行业和高校的共同努力。[2]各个主体需要沟通协调机制，共同确认职业能力及素养的考核标准、方式及内容，建立多方参与的学历教育与职业资格认证衔接体系。同时加强学校、行业等在培养环节的合作，促进管理制度衔接。[3]其次，需要分类实施，选择适宜的衔接模式，主要从课程体系、学分互认、专业实践入手；最后是提升研究生导师职业素养和指导能力，依托高水平教学和科研基地，开展实践能力培训与认定，培养专业学位硕士研究生实践创新能力。[4]也有学者认为社会各行各业

---

[1] 参见李梦娥、张登银："面向专业学位研究生教育的职业资格衔接难点与实现探讨"，载《黑龙江高教研究》2015年第11期。

[2] 参见李娟、孙雪、穆晓星："专业学位与职业资格认证对接机制的案例研究与要素分析"，载《研究生教育研究》2012年第6期。

[3] 参见宋丹路、张小乾："专业学位教育与职业资格认证的有效衔接机制研究"，载《西部素质教育》2019年第6期。

[4] 参见张月、刘佳佳："职业资格认证对硕士专业学位研究生教育的启发研究"，载《教育教学论坛》2019年第12期。

发展不同、需求不同，衔接不是一蹴而就的事情，应该对成熟的专业学位类别，优先展开衔接工作，然后再逐步推进。互通的实施途径可以有四种方式：制度政策、行政审批、改革试点和主动合作。

2.4 文献述评

第一，由于专业硕士培养在我国起步较晚，且早期不受重视和认可，目前还未发展到一个较为成熟的阶段。我国学者对专业硕士培养的研究主要围绕两个方面：专业硕士的发展历程，包括它的提出以及定位；专业硕士的培养现状，包括现存的问题和不足以及改进建议。除了以上两个方面，对国外专业硕士的培养经验也有一定的涉猎。总体来看，我国对专业硕士培养的研究设计的广度比较到位，但是对专业硕士培养问题的深度挖掘还比较欠缺，运用先进工具手段对专业硕士培养进行分析和设计的研究也较少。

第二，职业资格制度的研究在经过早年间一段时间的"野蛮生长"后，近几年得到有效控制。国内学者对职业资格制度的研究主要以国内现状和借鉴国外经验为主，在紧紧围绕我国职业资格制度现状的同时，很好地推动了职业资格制度在我国的发展。目前职业资格制度的研究缺陷在于：从宏观对职业资格制度展开研究的偏多，分门别类进行特定职业资格制度研究的较少；对我国职业资格的研究缺乏新的创新点与着力点。

第三，专业硕士培养与职业资格互通的广泛研究是从2005年以后陆续开始的。纵观近15年的文献，围绕专业硕士培养与职业资格的"互通""对接""衔接"等主题，学者大都把重点放在两者互通的现存主要问题和解决路径的探索上，解决路径的探索包括了衔接机制的设计和建议。对现状的分析除了有对现存不足的总结，还有对互通成果突出的院校的特色模式的列举。我国对专业硕士培养与职业资格互通的研究还有几点需要改进：关于专业硕士培养与职业资格的互通机制设计的研究不足；对专业硕士培养与职业资格互通的原则性问题的分析很少；对专业硕士培养与职业资格互通的政策建议很多，大都停留在宏观政策上，具体操作细节的设计鲜有涉及。

第三章

专业硕士培养与职业资格制度现状分析

3.1 专业硕士培养现状分析

专业学位是以学术学位为对照的学位类型，它们同属一个层次，但是培养目标差异明显，培养规格各不相同。具体来说，专业学位硕士研究生教育是针对特定社会职业领域，培养具有较强的专业能力和职业素养，并且能够创造性地从事实际工作的高层次应用型专门人才。

我国自 1990 年试办第一个专业学位——工商管理硕士（MBA）以来，专业学位教育经历了试点阶段、正式发展与推广阶段、加快发展阶段，现已基本形成以硕士学位为主，博士、硕士、学士三个学位层次并存的专业学位教育体系。目前，硕士层次专业学位学科最多，一共有 40 种，包括工商管理学、法学、审计学、会计学、金融学、税务学、工程学、教育学、临床医学等（见附录六），博士层次专业学位学科有口腔医学、临床医学、兽医学、教育学、工程学、中医学 6 种，学士层次专业学位学科仅有建筑学 1 种。根据全国专业学位研究生教育指导委员会公布的数据，截至 2017 年，全国专业学位硕士授权点有 7281 个，专业学位博士授权点 135 个，累计招收专业学位硕士研究生 100 多万人，并且初步形成了具有特色的专业学位硕士研究生教育培养制度。

尽管我国开办专业学位教育的历史不是很长，但其凭借迅猛的发展势头和傲人的成绩，已在我国研究生教育体系中占据重要一席，对改善和优化国家人才队伍结构和素质起到了不可替代的重要作用，为推动人才强国战略和科教兴国战略的有效实施提供了强有力的保障。同时，由于我国专业学位开办时间不长，还未形成一个完整的专业硕士教育体系，在很多方面还存在一定的问题。

3.1.1 专业硕士社会认同程度不高

我国1990年启动工商管理硕士培养制度，经过20多年的发展，已有金融学、会计学、资产评估学、临床医学、建筑学、翻译学、工程学领域等40种学科的专业硕士学位，并且还在快速扩展中。国家推出专业硕士学位的目的是适应我国社会经济发展对高层次人才的多样化需求，专业学位与学术学位是两种不同的学位类型，二者没有层次高低之分。但与传统的学术型研究生培养历史相比，与美国等其他国家的200余年的专业硕士教育历史相比，我国专业硕士教育起步晚、时间短，专业硕士培养与管理还处于探索阶段。因而，专业硕士培养参与各方客观上对专业硕士需要一个逐渐认识和了解的过程，加之宣传普及力度不够，客观存在招生门槛、毕业要求等政策上的差异，社会对专业硕士的认同程度不高，普遍认为专业硕士较学术硕士而言低人一等，考生、培养院校、用人单位也在不同程度上存在不认同，导致专业学位的实际地位低于学术学位。主要表现在：考生报考学术硕士的意愿更强，只有在考不上学术硕士的情况下调剂到专业硕士，而反过来则不行，即报考专业硕士的考生不能调剂到对应的学术硕士；一些高校将专业硕士学位视为低于学术硕士学位的一个学位类型,甚至是增加学校收入的一个来源,学校也优先保证学术硕士的招生,在招生指标有剩余后调剂到专业硕士,而研究型大学的这种现象更突出;用人单位则认为多数专业的专业硕士不如学术硕士含金量高,专业硕士求职者难以与学术硕士平等竞争。多数专业的专业硕士毕业生在求职过程中缺乏竞争力直接影响考生报考的积极性,如此恶性循环,使得专业硕士学位的社会认同程度不高。

3.1.2 专业硕士招生数量逐年增加

从2009年开始我国的专业硕士学位种类增加,专业硕士招生政策越来越明确,就是不断增加专业硕士招生计划,经过近10年的发展,形成了招生数量逐年增加的态势。为此,笔者收集整理了2010年~2017年我国专业硕士招生的人数统计,为了比较分析,同时也收集了同期学术硕士的招生数据(见表1)。

表1 2010年~2017年我国学术硕士、专业硕士招生人数统计表

年份	2010	2011	2012	2013	2014	2015	2016	2017
总人数	472 000	495 219	517 200	539 000	560 049	574 300	589 812	721 724
专业硕士计划招生人数	110 010	148 724	187 491	217 350	237 237	252 272	279 617	402 000
学术硕士计划招生人数	361 990	346 495	329 709	321 650	322 812	322 028	310 195	319 724
专业硕士招生比例	23.31%	30.03%	36.25%	40.32%	42.36%	43.92%	47.41%	55.70%
专业硕士招生人数增长率	——	35.19%	26.07%	15.93%	9.15%	6.34%	10.84%	43.77%

资料来源:中国教育在线 http://www.eol.cn/html/ky/report/a4.shtml,经笔者整理。

从表1可以看出,总体上专业硕士招生数量逐年增加。具

体分析有如下特征：第一，专业硕士招生的绝对人数逐年上升。具体情况是我国专业硕士招生人数从 2010 年的 11 万人上升到 2017 年的 40 万人，总增长幅度高达 265%，可见专业硕士数量增长之迅猛；第二，专业硕士招生的相对人数反超学术硕士。2010 年，专业硕士招生人数占比仅 23.31%，占比不断上升，在 2017 年反超学术硕士，首次突破半数，达到 55.70%，说明专业硕士成为研究生教育主体；第三，2017 年专业硕士数量陡增。早年由于专业硕士人基数低，其增长趋势明显，但随着时间推移增长趋势逐渐放缓，2016 年专业硕士招生人数增长率仅为 10.84%，但 2017 年增速陡然上升至 43.77%；第四，硕士研究生数量增长主要归功于专业硕士数量的增长。学术硕士数量自 2010 年开始逐年下降，2012 年以后一直稳定在 32 万人的水平，甚至略微下降，2016 年学术硕士计划招生人数跌至历史新低，仅有 31 万人。学术硕士计划招生人数不增反降，硕士研究生总量的逐年增加全部来源于专业硕士数量的贡献。

3.1.3 专业硕士地域分布不均衡

由于我国地域辽阔，地区发展差异大，专业硕士招生数量逐年上升的趋势中也存在地域分布不均衡的现象。为了进一步研究专业硕士的地域分布，笔者参照同行的做法，选取专业硕士招生数量与地区人均 GDP 的比值来表示地区专业硕士招生的强度和密度，以此指标来度量分析全国各地专业硕士分布不均衡的现状，并进一步探究可能与地方经济、高校数量等因素的关系。笔者从中国统计年鉴上收集 31 个省、自治区、直辖市的人均 GDP，计算得出对应的分布强度、密度指标值，并按照指标值的大小顺序排列，绘制图 2，从图中可以得出：

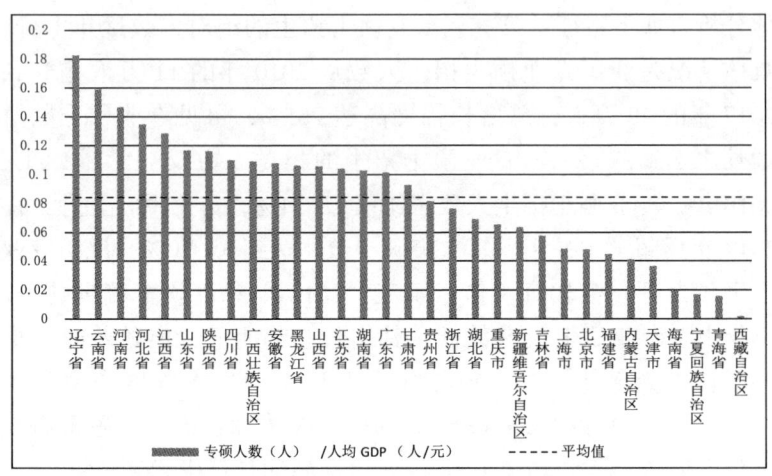

图 2 2016 年全国各省、自治区、直辖市专业硕士强度柱状图（招生人数/人均 GDP）

第一，专业硕士招生强度地域分布不均衡。由图 2 可见，我国各省、自治区、直辖市专业硕士招生强度没有明显的区域趋势，呈现各地域强度不均衡的特点。具体看，一是强度最高的三个省是辽宁省、云南省和河南省，强度分别是 0.18、0.16、0.15。进一步分析，辽宁省的高强度主要来源于两方面，一是专业硕士招生数量的压制，这与辽宁省进行研究生招生的高校数量的优势有关，另一方面是辽宁省的人均 GDP 不高；云南省和河南省的高强度是因为其人均 GDP 排名靠后，比如河南省 2016 年人均 GDP 仅位列全国倒数第二。二是北上广等经济发达地区的专业硕士强度居中，其专业硕士招生的绝对数量居前，但是由于其人均 GDP 很高，排名靠前，导致强度值居中。三是专业硕士强度排在后三名的是宁夏回族自治区、青海省和西藏自治区，最弱的是西藏自治区，西藏自治区 GDP 排名靠后，而且仅有 4 所高校进行研究生招生，招生人数是全国最少的，专业硕士招收强度仅有 0.0017，相当于平均水平 0.0842 的 2% 左右。

第二,专业硕士招生密度呈明显的东密西疏。从各省、自治区、直辖市的专业硕士招收数量与地区总面积相比,可以发现专业硕士密度呈现明显的由沿海向内陆逐渐降低的趋势。专业硕士招收密度分布特征与人口地理分布特征几乎完全吻合,以"胡焕庸线"为明显的分界线,该线以西的各省区市,专业硕士密度均处于最小的等级,以东的各省区市的专业硕士招收密度普遍较高,其中最高的是天津市、北京市、上海市。另外,中西部比较突出的是重庆市,密度最低的依然是西藏自治区,西藏自治区的专业硕士招生强度和密度都垫底,主要是西藏自治区广阔的地域面积和稀缺的专业硕士资源造成的。

3.1.4 专业硕士类别分布比较广泛

根据教育部公布的信息统计分析整理,我国从1990年最早推出的工商管理硕士(MBA)到2015年最晚推出的中医硕士(MCM),近30年时间共批准了40个专业硕士类别,涵盖主要的学科领域。各专业硕士学位推出时间及招生院校数量如表2,观察表中数字分布,可以得出:

表2 各专业学位推出时间及招生院校数量

设置年份	新增个数	专业学位	英文简称	2019年招生院校数量
1990	1	工商管理硕士	(MBA)	243所
1992	1	建筑学硕士	(M. Arch)	38所
1995	1	法律硕士	(JM)	242所
1996	1	教育硕士	(Ed. M)	155所
1997	1	工程硕士	(ME)	438所
1998	1	临床医学硕士	(M. M)	116所

续表

设置年份	新增个数	专业学位	英文简称	2019年招生院校数量
1999	3	公共管理硕士	（MPA）	224所
		兽医硕士	（VMM）	48所
		农业推广硕士	（MAE）	117所
2000	1	口腔医学硕士	（S.M.M）	63所
2001	1	公共卫生硕士	（MPH）	78所
2002	1	军事硕士	（MMS）	32所
2004	1	会计硕士	（MPAcc）	258所
2005	3	风景园林硕士	（MLA）	79所
		艺术硕士	（MFA）	282所
		体育硕士	（MSPE）	139所
2007	2	翻译硕士	（MTI）	253所
		汉语国际教育硕士	（MTCSOL）	149所
2008	1	社会工作硕士	（MSW）	152所
2010	19	金融硕士	（MF）	197所
		应用统计学硕士	（MAS）	146所
		税务硕士	（MT）	49所
		国际商务硕士	（MIB）	114所
		保险硕士	（MI）	40所
		资产评估硕士	（MV）	43所
		警务硕士	（MP）	5所
		应用心理硕士	（MAP）	96所
		新闻与传播硕士	（MJC）	164所

第三章 专业硕士培养与职业资格制度现状分析

续表

设置年份	新增个数	专业学位	英文简称	2019年招生院校数量
2010	19	出版硕士	（MP）	20所
		文物与博物馆硕士	（M.C.H.M）	47所
		城市规划硕士	（MUP）	28所
		林业硕士	（MF）	33所
		护理硕士	（MNS）	108所
		药学硕士	（M.Pharm）	109所
		中药学硕士	（MCMM）	50所
		旅游管理硕士	（MTA）	94所
		图书情报硕士	（MLIS）	49所
		工程管理硕士	（MEM）	105所
2011	1	审计硕士	（MAud）	48所
2015	1	中医硕士	（MCM）	49所
合计	40	——		4700

资料来源：全国各专业学位教育指导委员会官网、研招网，经笔者整理。

第一，专业硕士的学科分布比较广泛。根据国务院学位委员会、教育部公布的《学位授予和人才培养学科目录（2011年）》，我国共有哲学、经济学、法学、教育学、文学、历史学、理学、工学、农学、医学、军事学、管理学、艺术学13大类学科，现有40个专业硕士学科涵盖了11个大类学科，除哲学和理学外，其余11类均有专业硕士学位。需要说明的是，应用统计学专业硕士兼具理学和经济学双重特征，在本科层次，统计学专业既可以授理学学士学位，也可以授经济学学士学位，而在专业硕士层次，依据专业硕士的定位而更加突出其应用特征，归属经济学学科，代码025200，授经济学硕士学位。此外，哲学、理学学科的确属于理论性强的基础学科，与专业学位定位不一致，因此没有专业硕士。从一级学科层次上看，目前我国有110个一级学科，专业硕士的学科类别占比为36.36%，其还有一定的发展空间。由于工程硕士按专业领域进行划分，其覆盖的学科范围很广，学科占比的值只有参考价值。

第二，专业硕士学科分布与我国经济社会对人才需要吻合度高。从具体的学科类别上看，经济学和医学类专业硕士种类最多，各有7种（见图3）。经济学类的专业硕士学位包括金融硕士、应用统计学硕士、税务硕士、国际商务硕士、保险硕士、资产评估硕士以及审计硕士；医学类专业学位包括临床医学硕士、口腔医学硕士、公共卫生硕士、护理硕士、药学硕士、中药学硕士以及中医硕士。其余学科类的专业硕士学位种类1~6种不等。显然，我国40多年改革开放的实践不断促使经济工作分工的深入，催生了很多新的经济类子专业，相应推出的多个经济类专业更好地满足了经济建设对高层次专门人才的需要。

第三，招生院校数量跨度大。现有的40种专业硕士学位，全国累计开办并招生的院校数量有4700所，跨度非常大，具体见图4。其中，招生院校数量最多的是工程硕士，达到438所，其次是会计专业硕士和工商管理硕士。工程硕士数量多，一方面是工程硕士侧重于工程应用，主要为工矿企业和工程建设部门，尤其是国有大中型企业培养应用型、复合型的高层次工程技术和工程管理人才，其具体领域涵盖面非常广泛，具体到每个工程领域的招生院校没有这么多。另一方面工程硕士教育是脱胎于各类工科学术硕士学位教育，大量的工科硕士培养院校顺利转型为工程硕士。招生最少的三个专业硕士是警务硕士、出版硕士、城市规划硕士。显然，警务、出版、城市规划这些行业与工程、经济、管理等行业相比，实际人员需求量要小得多。从这个意义上说，专业硕士人才培养是与社会经济对人才的需求高度吻合的，既符合我国经济体制转型期的国情和人才发展趋势，也是研究生教育发展的必然结果。

第四，从时间维度看，2010年新增专业硕士学位数量达到峰值。2010年我国推出专业硕士学位个数最多，达到19个，超过了1990年~2008年间新增专业硕士点累计的总和，并且2010年第一次推出经济学类和历史学类的专业硕士，经济学类的专业硕士点一次性推出6个。2010年到2019年才新增了2个专业硕士点。2010年是我国国民经济和社会发展第十一个五年规划的末端，在这个关键的节点，吸取了应对国际金融危机和克服汶川大地震等严重困难的经验，推出包括经济学、医学、管理学在内的19个专业学位，为后十年顺利发展打下坚实基础，所以，2010年是我国专业硕士发展历史上具有里程碑意义的一年。

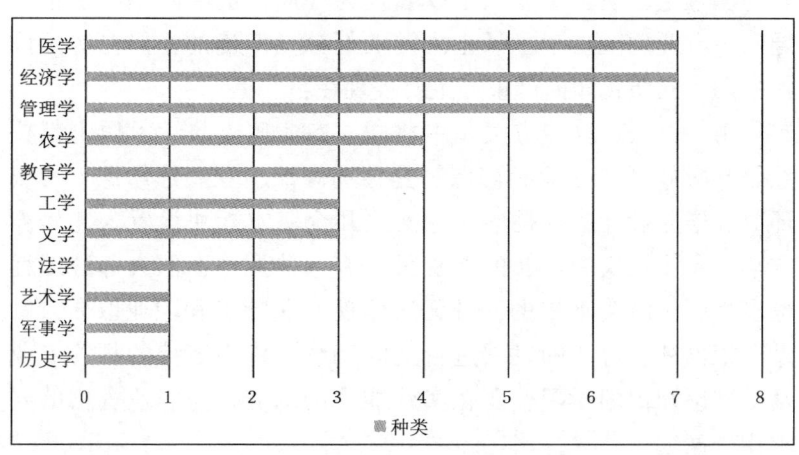

图3　各学科大类专业硕士学位数量

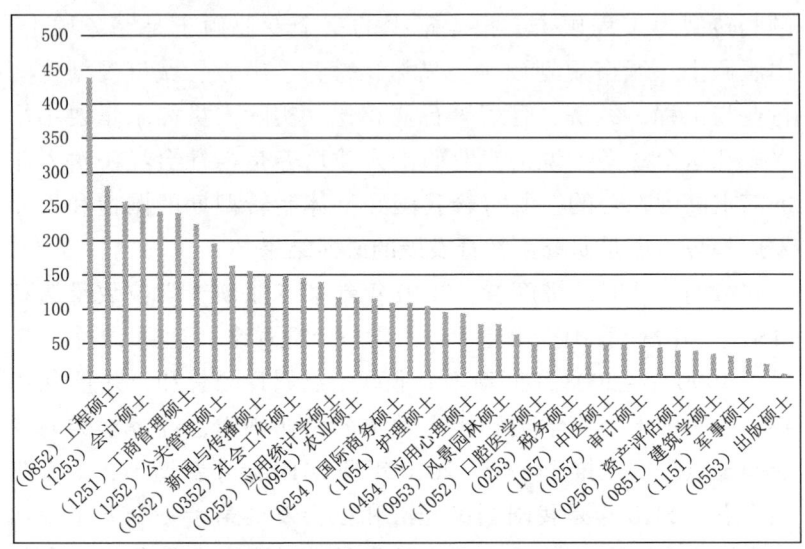

图4　40种专业硕士学位招生院校数量情况

3.1.5 专业硕士、学术硕士同质化倾向严重

从理论上说，专业硕士以职业为导向，学术硕士以学术为导向，专业硕士与学术硕士之间的划分是明确的，但在实际操作中两者同质化倾向严重，主要表现在：

第一，人才培养方案基本相同。专业硕士与学术硕士都按照公共必修课、专业必修课、公共选修课、专业选修课、实践环节、毕业设计或者是毕业论文这几个基本板块设置人才培养方案，主要板块中涉及的课程虽然有一些调整，但大部分课程也多为历年沿袭下来的，既无法体现专业特点和职业取向，又没有根据社会行业的发展进行适时调整，皆为笼统的相关专业基础理论知识的学习，弱化实践能力的培养，与职业资格的要求相去甚远。

第二,硕士导师基本相同。在各培养单位,主要是高校专业硕士的师资上,多数高校都是学术硕士导师转变为专业硕士导师,其既是学术硕士导师又是专业硕士导师,而且完全为校内导师,部分高校采取了校内导师加校外导师的双导师模式。显然,专业硕士的师资力量上基本以校内导师为主,校内导师是学术研究型,本身的学术倾向,侧重于对学生学术性思维的训练,难以突出专业硕士对学生社会实践能力培养的特点,也就难以凸显专业硕士与学术硕士的差别。

第三,教学形式基本相同。在教学形式上也是参照学术硕士的传统教学模式,以课堂授课为主,基本上都是在教学楼或实验楼完成,课堂上学生所能接触的知识有相当的广度和深度,但是理论与实践存在一定程度的脱节问题却难以解决。因此,专业硕士和学术硕士的知识技能方面没有明显区别。

3.1.6 专业硕士教学条件资源受限

国家关于专业硕士扩招的政策出台后,对培养单位在教学质量、教学条件、教学模式、教学资源等方面提出了新的要求。但在目前条件下,高等院校是专业硕士培养的主力军,高校掌握的可控的校内教学条件和可用的校外教学资源,还不具备培养大批量专业硕士研究生的基本条件,而部分高校对专业硕士的认识不到位,也不愿意投入人力和物力到专业硕士培养的硬件和软件上。

第一,校内教学条件方面,专业硕士培养对教学方式、师资结构以及实践基地等方面都有一定的要求,而对于教育资源有限的学校来说,难以在短时间内完全达到要求。师资力量尤为突出,我国高校的教师基本为学术研究型,理论背景丰富,但缺乏实践经验,而某些课程涉及多个领域且跨度较大,难以找到足够多的可以驾驭多领域教学的老师,以学术加科研模式为业的大学导师很难迅速适应新的教学要求。

第二,校外教学资源方面,专业硕士注重实践能力培养的特点决定了单纯依靠高校力量将难以承担专业硕士培养的重任,需要高校去寻求与企业的合作,建立校企合作平台,建立与企业联合的人才培养模式,其实质是高校教育资源和企业资源实现共享,进而得以优化配置。但在很多高校,尤其是人文社科类的院系与企业的关联性并不强,难以与相关企业建立长期合作关系,因此就难以建立有效的校企合作人才培养体系。

3.1.7 专业硕士培养质量有待提高

专业硕士培养质量需要培养单位不断加大投入、长周期建设,一定的管理机制做保障。实际的情况是:

第一,重申报、轻建设的现象导致培养质量不高。由于专业硕士普及主要是在2010年后,导致绝大多数培养单位对专业学位培养目标定位的认识不充分,忽略了专业硕士与学术硕士培养目标的差异,进而导致一些高校把专业学位当作一个学位点来建设,注重申报和审批,不重视后期建设和维护;甚至还有高校将专业学位作为创收的手段,过分追求经济利益,忽略了社会效益,使得培养质量有待提高。即使是有部分高校比较注重应用型人才的培养,对专业硕士培养过程和质量都很关注,但是由于学术学位研究生教育长期居于主导地位,专业硕士的导师转型客观上有一个过程,从笔者所了解和接触的导师来看,很多导师是难以转型的,也没有转型的动力和压力。

第二,培养单位内部质量保障机制不健全。全国多数专业硕士培养单位对专业硕士的管理模式是在原有学术硕士的管理模式上,增加一个专业硕士点而已,只有极少数高校建立了专门的专业硕士教育中心，比如 MBA 教育中心、MPA 教育中心、MPAcc 教育中心等。即使是建立了专业硕士管理机构的高校，其对专业硕士的管理模式仍然沿袭学术硕士的管理模式，基本上没有建立起与专业硕士相适应的管理制度。需要指出的是，由于 MBA 开办时间早，全国有中欧商学院、长江商学院等单独开办 MBA 的新兴的民营办学机构，MBA 管理走到前列，基本建立起了一套完整的 MBA 管理制度，也赢得了 MBA 学员的认可。但是，由于 MBA 招生对象是有 3 年实践工作经验的考生，以周末业余时间学习为主，所以 MBA 管理制度不太适合其他专业硕士管理。管理机制缺失或者说缺位，提高和保障专业硕士培养质量的动力机制不足，更不用说专业硕士培养的内部淘汰、竞争机制等的建立、完善和落地以保障专业硕士的质量问题。尽管专业硕士培养机制改革不断深入，但由于缺乏动力机制，责权关系不清晰，效果不尽理想。

3.1.8 专业硕士监督机制尚不健全

专业硕士相对于学术硕士而言，培养的历史不长，培养的科研院所不多，培养的数量是近两年有大幅度的上升，因此多数培养单位没有，或者刚刚着手建立起专业硕士培养的监督管理做法，整体上看专业硕士培养的监督机制尚不健全。

第一，高校的自我监督制度不完善。随着专业学位教育的飞速发展，目前很多高校专业硕士规模已经超过学术硕士，但将专业学位教育质量监督系统地纳入研究生管理工作范畴还比较少，存在管理力量单薄、管理部门缺位、管理模式不当等问题。高校中建立具有专业学位研究生教育特色的自我评估体系和制度的也很少，部分刚刚起步的院校基本沿袭的是学术硕士的做法。

第二，学位办的授权后追踪监督未形成。培养单位被授予专业学位培养资质后，有些专业虽然开展了教学合格评估，但教学质量不高，国务院学位办正在逐步系统地建立规范的定期监督制度。这在一定程度上纵容了培养单位，降低了办学单位自律的动力，滋生了"重申报、轻建设"的倾向。当然，近年来学位办陆续公布评估结果，部分专业硕士被"亮黄牌"需整改、个别被"亮红牌"停招的现象，对各培养单位加强建设起到很好的推动作用。

第三，正在构建完善的评估标准和评价体系。国家层面对每个专业学位都建立了教学指导委员会，但由于专业硕士开办、招生的时间不一致，只能受学位办委托对一些开办时间长一点、有多届毕业生的高校进行检查或者评估。一方面由于我国开展专业学位研究生教育工作的时间不长却发展较快，但对专业学位研究生教育及其质量的认识还不够深入的情况客观存在；另一方面要允许培养单位结合自身、行业、地区、专业的实际情况探索培养的新做法、新模式，因此，虽然部分专业学位已经开展了教育教学合格评估或检查，但尚未系统地制定专业学位研究生教育标准及其评估标准，未形成分类型的全面评估体系。尤其是，专业硕士培养需要培养单位、与专业硕士衔接的其他相关主体的联合、协同或者互通，但是在当前的体制机制下，各自作用未能有效协同，更有待互通。专业学位质量监督缺乏全面的外部约束机制。

3.2 职业资格制度现状分析

我国职业资格制度起源于 20 世纪 50 年代中期的工人技术等级考核制度。1993 年，国务院在《关于〈中国教育改革和发展纲要〉实施意见》中提出，在全社会试行学历和职业资格证书并重的制度，标志着我国正式提出职业资格制度。1993 年 11 月，党的十四届三中全会提出的《关于建立社会主义市场经济体制若干问题的决定》，指出要制定各种职业的资格标准和录用标准，实行学历文凭和职业资格两种证书制度。1994 年，第八届全国人大常委会第八次会议审议通过的《中华人民共和国劳动法》明确规定"国家确定职业分类，对规定的职业制定职业技术标准，实行职业资格证书制度"，从法律的角度确定了在我国实行职业资格制度的合法性和有效性。1995 年，国家人事部印发了《职业资格证书制度暂行办法》，对职业资格制度的暂行办法作了细化和界定，这标志着我国专业技术职业资格制度正式踏上发展轨迹。1999 年，中共中央、国务院下发的《关于深化教育改革全面推进素质教育的决定》再次明确要在全社会实行学业证书、职业资格证书并重的制度。新修订的 2015 年版《中华人民共和国职业分类大典》按照国际职业分类标准原则，将我国职业归为 8 个大类、75 个中类、434 个小类，1481 个细类（职业）（详见表 3）。

表 3　国家职业种类汇总（2015 年版）

大类	中类	小类	细类
党的机关、国家机关、群总团体和社会组织、企事业单位负责人	6	15	23
专业技术人员	11	120	451
办事人员和有关人员	3	9	25
社会生产服务和生活服务人员	15	93	278
农、林、牧、渔业生产及辅助人员	6	24	52
生产中、制造及有关人员	32	171	650

续表

大类	中类	小类	细类
军人	1	1	1
不便分类的其他从业人员	1	1	1
总计	75	434	1481

注：依据《中华人民共和国职业分类大典》经笔者整理得出。

此后，在全球化的浪潮中，各种国外的专业资格证书开始陆续进入中国。国内也积极消化和吸收国外的职业资格证书制度，通过直接引进国外的职业教育培训系统、职业技能鉴定系统、职业资格证书运行系统的方式来打造本土的同类型职业证书的现象屡见不鲜。总之，我国的职业资格认证已呈现出多个主管部门、多家机构、多条渠道共同进行认证与管理的局面。

近年来，为培养与中国制造相适应的专业技术人才，国家大力推行职业资格认证制度，注册会计师、注册建筑师等职业资格考试制度开始实行，影响逐步扩大，并正在逐步建立完善执业资格认可制度，职业资格认证工作在覆盖面、规模上取得了巨大的成绩（见附录七）。与此同时，职业资格制度呈现一些特征：

3.2.1 职业资格考核形式单一

对评判是否具备职业资格，目前仍然是以考试为主，考试的内容和形式是职业资格制度的重要组成部分。考试在人才培养的过程中对所选拔人才综合素质的高低、与预期目标能否匹配起决定性作用，这种职业资格考试则需要在考试形式、内容、路径、主体等方面与学历教育中的考试有所区别。而实际的情况是我国目前的职业资格考核形式比较单一，主要体现在以下

第三章 专业硕士培养与职业资格制度现状分析

几个方面：

第一，考试科目固定。职业资格考试大都依据考试大纲确定固定的考试科目，考试大纲、科目由考试委员会确定，而考试委员会由主管这个职业的主管部门聘请，比如注册会计师就归属于财政部。考试科目一经确定，常常都是多年不变，同样以注册会计师为例，考试从1991年开始，在近30年的周期里考试科目只做过两次调整，从4门增加为5门，再增加到6门，具体是《会计》《审计》《财务成本管理》《经济法》《税法》《公司战略与风险管理》（参见附录八）。需要说明的是虽然考试科目相对固定，但每年的考试内容，尤其是与国家社会经济形势、职业资格结合紧密的内容每年都在更新。与固定的考试科目相反的是，考试参考教材、参考资料等却是版本众多，每年翻新。每个考试科目的参考资料平均算下来有四五种之多。

第二，考试内容以理论知识为主。从现行的各类职业资格考试实际看，考试大纲规定的考试内容几乎全是理论知识，与学历教育的内容基本一致，只不过职业资格考试一般内容涵盖面比较广，有这个职业所需要的基本理论、基础知识等方面的要求。以金融硕士为例，其对应的职业资格考试有：银行从业人员资格考试、证券从业人员资格考试、期货从业人员资格考试，考试科目分别有《公共基础》《金融市场基础知识》《期货基础知识》，其内容就是获得职业资格所需要的经济、金融、投资等理论知识。大量知识性、记忆性的内容使考生将大量精力花在背诵方面，而不去注重团队协作能力、随机应变能力、创新创造能力和自主学习能力的挖掘，寄希望于各类传授应试技巧的考试培训机构，而考试培训机构中的讲师又主要是高校从事相关专业教学的教师。

第三，评价方式和检测手段单一。职业资格考试主要是传统的笔试,很少采用履历分析、心理测试、综合面试、情景模拟、结构化考试等评价方式。笔试考试从纸质化考试逐渐发展到机考,目前大略有90%的职业资格考试为机考形式,对应的评分方式和检测手段都是电脑固有程序。机考的模式决定了考试的题型以选择题、判断题等客观题为主。显然,一次性闭卷笔试的形式难以准确地评价考生的职业素养,而且大大增加了考试通过的偶然性和投机性,通过职业资格考试后不具备从业能力的现象屡见不鲜。职业资格考试一般实行统一题库,仅有少数省市有单独题库,忽略了不同地区经济环境的差异。

正是由于职业资格考试评价的这种做法,导致相关专业的本科生、研究生成为职业资格考试的主力军,职业资格也成为本科生、研究生进入某个职业的敲门砖,没有起到鉴定职业从业人员能力高低的作用。实践中出现了通过考试但实际难以从业,实际从业能力强而不能通过职业资格考试的异常现象。

3.2.2 行业协会参与度不高

我国的职业资格是由人力资源和社会保障部、国资委商业技能鉴定与饮食服务发展中心等各相关部委通过学历认证、资格考试、专家评定、职业技能鉴定等方式进行评价。政府主导的职业资格模式,使得真正了解职业需求的单位和相应的行业协会参与职业资格的标准制定、资格考试等工作的程度不够深入。突出表现在:

第一,行业协会在职业资格中的定位不清。在刚开始推行职业资格的初期,我国的行业协会与主管部门高度一致,比如注册会计师对应的协会就是中国注册会计师协会,而中国注册会计师一直隶属于财政部,是在财政部党组领导下开展行业管理和服务的法定组织。行业协会是代表政府部门对职业资格进行管理，而不是作为职业资格的参与方之一与其他各方平等参与职业资格的各个环节，这种情况下的行业协会定位是不清楚的。而正是由于行业协会在职业资格中定位不清，导致现有的职业资格标准仍然是脱胎于传统的学科体系，对社会经济发展对专业从业人才提出的新技能、新要求等反应不够及时，使得现有的职业资格标准难以满足行业企业对高素质专业人才的要求。行业协会参与度不够导致职业资格认证的成员中缺乏职业一线人员，其考核难以把握职业能力考核内容的侧重点，致使设立出来的考核要求并不能满足职业需要。

第二，行业协会参与的目的有偏差。行业协会在"放管服"背景下逐步与主管部门在隶属关系上脱钩，其独立性愈来愈强，部分行业协会参与职业资格鉴定工作的积极性、主动性增强。但是行业协会参与职业资格鉴定工作的实际情况是对考试培训更有兴趣，因为考试培训涉及经济利益，尤其是由于部分职业资格考试人数众多，其考试指定用书的编写、出版、发行，考试培训辅导，考试考务是很大一块"蛋糕"，成为行业协会主要的收入来源。显然，行业协会这样参与职业资格鉴定工作的目的是有偏差的，导致其客观性、独立性受到质疑。以经济效益为导向的行业协会容易导致：一是对职业资格的标准、准入条件、监督监管、国际交流等方面工作做得不够；二是出现考试工作不到位，监管不严，使得考试的通过率偏高；三是为了扩大考生来源，相当部分职业资格的准入门槛较低，并无相关专业背景或经验的要求，大大降低了职业资格的含金量。

3.2.3 职业资格的社会认可度不高

我国职业资格证书种类繁多，根据人力资源和社会保障部国家职业资格管理官网统计的数据，截至 2018 年底，职业资格领域涵盖的职业数已经达到1838个。在众多职业资格中,同样存在社会认可程度不高的现象。

第一,社会对职业资格认可度差异明显。由于职业资格本身的建立与发展有时间的先后顺序,社会对其了解程度也不一致,某种职业的涵盖面也各异,比如注册会计师的职业内容可以说是涵盖所有行业,而注册城市规划师则只涉及一个行业,形成了对职业资格认可度差别化的格局。在众多职业资格中,有注册会计师、注册建筑师等具有社会普遍认可的,也有部分职业资格证书社会认知度和含金量并不高,个别职业资格甚至在行业内都难以得到认可。另外一种表象就是:一些行业有多种职业资格证书,而且多种证书互不兼容,有难有易,导致社会各界对此评判不一,降低了社会认可度。比如金融行业就有银行从业人员、证券业从业人员、期货业从业人员、注册国际投资分析师、精算师、金融理财师、国际金融理师等多种资格证书,虽然金融行业涵盖的面比较广,有银行、证券、保险、期货、基金、投资、理财、国际金融等子行业,也有对应的主管部门或者监管部门,但显然金融行业的职业资格还是分得过细,每一种职业资格证书的含金量是不一样的。

第二,职业资格本身不完善导致社会认可度不高。职业资格的设立为用人单位在挑选人才的时候提供标准,而人力资源和社会保障部门在职业资格标准制定环节弱化了企业的参与度,忽视了企业对人才的具体要求,没有建立以企业需求为导向的职业资格标准,从而导致职业资格证书缺少有力支持,导致社会对职业资格认可程度低。此外,随着产业结构不断优化升级,社会对人才结构、素质的要求不断发生变化。第一产业、第二产业所占的比重逐渐下降,第三产业所占的比重增加,传统的单一技能型考核方式已无法适应行业发展的需要,劳动力逐渐由单一技能型向复合技术型转变。但目前尚未制定关于从事复合技术型工作的职业资格，而服务管理类专业也缺少与之相对应的职业资格，社会认可更是无从谈起。

3.2.4 职业资格认证呈现多部门认证与管理的局面

第一，我国的职业资格有多部门认证管理的历史。职业资格认证传承于20世纪50年代中期的工人技术等级考核制度。随着1992年之后我国计划经济体制逐渐向市场经济体制转换，技术等级考核制度开始向国家职业资格制度转型。1993年，劳动部发布了《职业技能鉴定规定》。1994年3月，劳动部、人事部联合颁发《职业资格证书规定》，1994年6月，中央编制办批准成立劳动部职业资格技能鉴定中心，负责国家职业资格制度的实施。同年，全国人大通过了《中华人民共和国劳动法》，确定了职业资格制度的法律地位。至此，职业资格认证制度在我国正式确立，并采用了非竞争性集中管理的方式，通过国家法律、法令或者行政法规的形式，以政府的力量来推行，由政府认定和授权的机构来实施。在这个过程中，对于同一种职业涉及多个部门的，沿袭并保留了历史的做法，部门职业资格出现了多部门认证与管理的局面，比如资产评估职业资格，总体上隶属于财政部，由于不同领域的资产评估师分属于国土、价格、房屋、农村、证监等国家主管部门。具体而言：土地价值评定领域的资产评估有专门土地估价师（2014年取消），对应的主管部门就是原国土资源部，即现在的自然资源部；房地产领域的资产评估就有专门的房地产估价师，对应的管理部门就是住房和城乡建设部，目前还继续有效，也在组织考试和职业资格认证；涉及矿产资源的确权、储量、价值评估等业务，有对应的矿产储量评估师（2016年取消）、矿业权评估师（2014年取消），对应的管理部门就是原国土资源部，即现在的自然资源部；涉案物品的价格评估、鉴定、公证等业务，需要获得价格鉴证师资格（2016年取消），对应的管理部门就是原国家物价局，即现在的国家发展和改革委员会；对于农村集体资产的作价入股、清产核资等业务需要评估的则需要农村集体资产估价师（2001年并入资产评估师），对应的主管部门就是农业农村部；对于二手车交易中的鉴定估价业务则需要旧机动车鉴定估价师，属于国家职业资格范畴，对应的管理部门就是人力资源和社会保障部；涉及证券市场中IPO、收购兼并中的资产评估，其从业的人员和机构均需要具备从事证券业务资格审批，对应的主管部门是财政部和证监会。

第二，国际职业资格引入导致认证管理多样化。随着全球化一体化进程的加快和我国进一步对外开放，中国政府、企业、个人与海外的经济贸易往来的频率和层级都在不断提升，大量的外资企业到中国，走出去的中国企业越来越多，客观上产生对国家之间职业资格如何衔接的问题。当然，主要是各种国外的专业资格证书开始陆续进入我国，我国的职业资格主管部门如何认、怎么认的问题。在这个过程中越来越多的主管部委直接引进或者认可国外的职业教育培训系统、职业技能鉴定系统、职业资格证书，同时也保持本土的同类型职业证书。总体上，我国的职业资格认证已呈现出多个主管部门、多家机构、多条渠道共同进行认证与管理的局面。

3.2.5 职业资格制度调整变化频繁

正是由于我国职业资格证书存在社会认可度不高、行业协会参与度不够、多头认证、认证形式单一等现象，所以国家于2008年开始首次取消职业资格许可和认定事项，经过"七连

第三章　专业硕士培养与职业资格制度现状分析

消",到 2016 年为止,总共取消 222 项职业资格,占比 70%,其中包括通信工程师、IC 设计师、医药代表等"含金量"较高的职业资格证书。2017 年,政府颁布了最新国家职业资格目录,其中专业技术人员职业资格共 58 项(准入类 35 项,水平评价类 23 项),技能人员职业资格共 81 项(准入类 5 项,水平评价类 76 项),留下的 139 项职业资格均以法律法规为依据,技术技能要求较高,具有较强的专业性和社会性,能够有效地满足社会需求。

人力资源和社会保障部有关负责人曾在记者会上指出,减少职业资格许可和认定,不是取消所有的职业资格,更不是取消职业资格制度,而是为了促使制度更加健康有序地发展,更好地为人才评价服务。国家对职业资格证书的频繁调整,是我国社会经济快速发展,社会分工不断深入在职业资格方面的映射,是有利于市场上相关教育培训的正规化转变,消除"考证经济"带来的"恶性"经济利益;有利于政府简政放权,划清政府和社会的界限,使政府的监管方式得以转变;有利于降低社会的就业门槛,减少人才负担,为市场创业者扫清障碍,提高创业积极性,激发创新创业的活力,营造一个好的创业市场和人才发展环境。

第四章

专业硕士培养与职业资格互通分析

4.1 专业硕士培养与职业资格的关联性

专业学位教育与职业资格认证是两种不同类型的制度体系，其性质各不相同，并且管理模式亦有所差异。专业学位是由具有授权资格的高等教育机构颁发的教育证明，攻读专业学位的人员需要在相关高等教育机构进行学习，完成专业学位的课程，最终完成符合要求的毕业论文（设计），答辩通过，学位委员会审核通过后才能获得学位证书。而职业资格是对从事某一职业所必备的学识、技术和能力的基本要求，在职业资格认证制度的安排下，职业资格证书由具有授权资格的认证机构发放，作为从事某一职业要求的学识、技术和能力的证明，学员只要通过资格考试就能获得相应的资格证书。纵然专业硕士培养与职业资格隶属两种不同的制度，但由于专业硕士的"职业性"，使得专业硕士培养与职业资格在实践发展中却日益显现出内在的关联性。

据住房和城乡建设部执业资格注册中心统计的数据，截至2019年4月10日，我国一级注册建筑师注册人数达537 749人，其中具有建筑学专业硕士学位的毕业生所占的比重过半，建筑学专业硕士已成为国家一级注册建筑师的主力军。目前,我国少数专业硕士学位已经与对应的职业资格认证取得了一定程度的互通,如翻译专业硕士学位与翻译专业资格认证、建筑学专业硕士学位与注册建筑师职业资格认证等。它们或通过课程及考试科目的互认和免修,或通过建立统一协调的管理体系,成功探索出专业硕士培养与职业资格互通的新道路,对其他专业硕士学位产生了良好的示范作用。那么是不是可以建立一种专业硕士培养与职业资格互通的机制呢?

4.2 基于问卷调查的专业硕士培养与职业资格互通分析

为了摸清专业硕士培养、职业资格以及二者互通的实际情况,尤其是涉及的培养单位、专业硕士本身、行业协会、用人单位、从业人员、政府主管部门等对这个问题的真实看法,为后续设计二者互通奠定基础,笔者展开了以专业硕士培养与职业资格互通的专题问卷调查。

4.2.1 调查问卷设计

4.2.1.1 调查目的

第一,深入了解专业硕士培养与职业资格互通的现状,主要从互通的程度、互通的方式、互通成果优异的学校和学科等方面入手;第二,了解社会各群体对专业硕士培养与职业资格互通的了解程度、认同程度,通过对比和分析得出结论;第三,全面挖掘影响互通机制设计的因素,从中借鉴和学习优秀的现行的互通模式。

4.2.1.2 调查设计

第一，确定调查对象。根据调查目的，专业硕士培养与职业资格互通主题问卷的调查对象是专业硕士培养、职业资格相关的各方，包括专业硕士的在读学生和毕业学生、专业硕士学位任课教师、培养单位，职业资格的从业人员、管理人员，目前 139 种职业资格、40 种专业硕士对应的用人单位代表，教育部、人力资源和社会保障部、组织部等政府相关部门的工作人员等。由于调查问卷力图找出互通的主体对此的看法，而在一个问卷中难以实现，为此本次调查将问卷设计为两个版本，一个版本的调查对象是专业硕士学生，包括在读与已毕业两大类，不包括本科生、学术硕士、博士生，简称学生版；另一个版本的调查对象按照工作单位分为学校及科研机构、国家行政企业、社会组织机构等群体，简称社会版。

第二，设计调查问卷。专业硕士培养与职业资格互通这个问题非常专业，没有现存的量表可以借鉴，因此笔者遵循调查问卷的基本原则自行设计。总体上，问卷分为三个部分：第一部分是调查对象的基本情况，第二部分是调查对象对专业硕士培养、职业资格、二者互通情况的了解和看法，第三个部分是调查对象对如何互通的建议。问卷的问题包括封闭式和开放式，以封闭式为主，学生版共设置 21 个问题，其中有 19 个封闭问题，2 个开放题；社会版共有 19 个问题，其中 17 个封闭问题，2 个开放题。封闭式问题的答案，考虑到调查主题的特殊性，根据实际情况设计为 3 个、4 个、5 个不同等级的模式。

具体看，两版共同的问题包括：①个人资料；②是否了解专业硕士培养与职业资格互通；③认可的互通形式；④认为是否有必要实现专业硕士培养与职业资格互通；⑤认为国内专业硕士培养与职业资格证书互通的水平如何；⑥是否同意通过职

第四章 专业硕士培养与职业资格互通分析

业资格认证可免修相应的专业硕士学位课程；⑦如果目前职业资格考试可以根据专业硕士课程进行免修，认为应该免修几门；⑧对专业硕士培养与职业资格互通有什么建议等。学生版典型问题包括：①所学专业是否存在与职业资格互通的现象，请列举；②目前通过了几项职业资格认证；③考职业资格认证的目的；④认为所学课程对职业资格考试帮助大吗；⑤认为所就读学校在专业硕士培养与职业资格互通方面做得如何。社会版典型的问题主要有：①认为员工参加职业资格考试是否应该设置奖励；②对于同等岗位，不同职业资格等级是否应该有薪资差别；③对于同等岗位，不同学历水平是否应该存在薪资差别；④工作对职业资格考试的作用程度。（调查问卷见附录一）

第三，确定调查样本。根据调查目的，样本采用随机模式，不设定地区、职业、职称、年龄等限制，从 40 种专业硕士、139 种职业资格的调查总体中抽取，加之考虑到调查时间等因素，学生版和社会版调查问卷的最小样本量确定为 300。

第四，问卷发放与回收。通过问卷星（网址：https://www.wjx.cn/）制作电子版调查问卷，并通过微信朋友圈、QQ 群等随机发放，并提醒调查对象不得同时回答学生版和社会版问卷。问卷开放时间 1 周，1 周后收回 716 份有效问卷，其中共收集学生版 318 份，社会版 398 份。调查样本量大于设定的最低样本量，可以对调查数据进行分析。具体的样本量分布见表 4、表 5：

表 4 专业硕士培养与职业资格互通研究的调查样本分布（学生版）

	人数	比例
专业硕士在读	294	92.45%
已毕业专业硕士	24	7.55%
总计	318	100%

表5 专业硕士培养与职业资格互通研究的调查样本分布（社会版）

工作单位	人数	比例
学校等科研机构	109	27.39%
国家行政企业	78	19.6%
社会组织机构	41	10.3%
外企企业	15	3.77%
其他	155	38.94%
总计	398	100%

从学生版样本分布表可以看出，专业硕士培养与职业资格互通的主体——在读的专业硕士参与调查人数占比高达92.45%，可见这个问题如何发展演变，政府主管部门今后出台何种政策对在读的专业硕士学生有直接影响。从社会版样本分布看，专业硕士培养相关的各方面人士都参与了调查，与关心、参与专业硕士改革、专业硕士培养与职业资格互通的实际是吻合的。从给定选项上看学校等科研机构参与调查人数的占比最高，比值为27.39%。从笔者了解到的情况看，专业硕士培养单位主张专业硕士改革，倡导专业硕士培养与职业资格互通的积极性主动性最高。

4.2.2 效度分析

一般情况下，在对调查问卷得出的数据进行分析前，需要对其进行信度和效度分析，以检验调查问卷是否合格，以保证数据分析的可靠性。由于研究中采用的是自行设计问卷而不是参照量表，因此没有必要分析信度，着重分析效度。

效度分析按照社会版和学生版分别进行，采用结构效度分析方法，通过SPSS统计分析软件，运用KMO检验方法进行。

具体的结果分别见表6、表7。

表6 专业硕士培养与职业资格互通研究调查问卷的效度分析（社会版）

	效度分析结果					
	因子载荷系数					共同度
	因子1	因子2	因子3	因子4	因子5	
3. 您了解专业硕士培养与职业资格互通吗	0.049	-0.153	0.037	0.823	0.091	0.713
4. 您认为专业硕士培养有必要与职业资格进行互通吗	0.675	0.249	0.114	0.193	-0.060	0.571
6. 您认为目前专业硕士培养与职业资格互通的水平如何	0.129	0.221	-0.001	0.688	0.016	0.539
7. 您认为职业资格是否是就业的硬性要求	0.057	0.753	0.259	-0.083	-0.049	0.647
8. 您认为员工参加职业资格考试是否应该设置奖励机制	0.337	-0.006	0.655	-0.065	-0.061	0.550
9. 对于同等岗位，不同职业资格等级是否应该有薪资差别	-0.049	0.116	0.793	0.072	-0.047	0.652
10. 对于同等岗位，不同学历水平是否应该存在薪资差别	-0.036	0.067	0.563	0.045	0.469	0.545

续表

效度分析结果						
	因子载荷系数					共同度
	因子1	因子2	因子3	因子4	因子5	
11. 如果通过进修专业硕士的相关课程可以免试职业资格考试中的科目，你认为应该免试几门	-0.799	0.164	0.054	0.125	-0.149	0.706
12. 您同意通过职业资格认证后可免修相应的专业硕士学位课程吗	0.603	0.046	0.087	0.150	0.117	0.409
13. 您认为学历水平与职业资格在就业中更重要的是	0.091	0.042	-0.043	0.086	0.886	0.804
14. 您认为工作对职业资格考试的作用程度	0.134	0.781	-0.083	0.136	0.143	0.674
15. 您对于互通获取的职业资格认可度（5代表认可度最高）	-0.649	-0.388	-0.062	-0.068	0.180	0.613
特征根值（旋转前）	2.606	1.403	1.286	1.174	0.955	-
方差解释率%（旋转前）	21.717%	11.694%	10.715%	9.780%	7.957%	-
累积方差解释率%（旋转前）	21.717%	33.411%	44.125%	53.905%	61.862%	-
特征根值（旋转后）	2.045	1.511	1.478	1.275	1.114	-
方差解释率%（旋转后）	17.040%	12.593%	12.320%	10.626%	9.284%	-

续表

效度分析结果						
	因子载荷系数					共同度
	因子1	因子2	因子3	因子4	因子5	
累积方差解释率%（旋转后）	17.040%	29.633%	41.953%	52.578%	61.862%	-
KMO值	0.700					-
巴特球形值	567.445					-
自由度df	66					-
p值	0.000	-				

从表6可知：所有研究项对应的共同度值除一个以外，其余均高于0.5，说明问卷中每个问题的信息可以被有效地提取。计算得到的KMO判别值0.700，属于中等水平，意味着数据具有效度。另外，5个因子的方差解释率值分别是17.040%、12.593%、12.320%、10.626%、9.284%，旋转后累积方差解释率为61.862%>50%，则说明调查问卷整体上的信息量可以有效地提取出来。专业硕士培养与职业资格互通调查问卷社会版通过效度检验，可以基于问卷调查的数据展开分析。

表7 专业硕士培养与职业资格互通研究调查问卷的效度分析（学生版）

效度分析结果							
	因子载荷系数						共同度
	因子1	因子2	因子3	因子4	因子5	因子6	
5.您了解专业硕士培养与职业资格互通吗	0.261	0.052	0.077	-0.017	-0.078	0.879	0.855

续表

	效度分析结果						
	因子载荷系数						共同度
	因子1	因子2	因子3	因子4	因子5	因子6	
6. 您认为专业硕士培养有必要与职业资格进行互通吗	0.154	0.671	0.190	-0.124	-0.183	-0.218	0.607
7. 您认为工作对职业资格考试的作用程度	-0.007	0.764	0.092	0.038	0.074	0.076	0.605
10. 您认为国内专业硕士培养与职业资格互通的水平如何	0.840	0.146	-0.010	0.071	0.025	0.098	0.742
11. 您认为您就读的学校在专业硕士培养与职业资格互通方面做得如何	0.849	0.052	0.002	0.024	0.088	0.130	0.750
13. 您所接触的职业资格考试难度如何	0.202	-0.034	0.120	0.811	-0.175	-0.158	0.769
14. 您考职业资格认证的目的在于	-0.164	0.265	-0.126	0.615	0.214	0.326	0.643
15. 您认为所学课程对职业资格考试的帮助大吗	0.137	0.652	0.012	0.204	0.127	0.185	0.536
16. 如果目前职业资格考试可以根据专业硕士课程进行免试，你认为应该免试几门	0.123	-0.203	-0.782	0.177	0.048	-0.051	0.705

续表

效度分析结果							
	因子载荷系数						共同度
	因子1	因子2	因子3	因子4	因子5	因子6	
17. 您同意通过职业资格认证后可免修相应的专业硕士学位课程吗	0.110	0.037	0.779	0.224	0.152	0.012	0.694
19. 您认为学历水平与职业资格在就业中更重要的是	0.110	0.045	0.094	-0.046	0.929	-0.059	0.892
特征根值（旋转前）	2.279	1.494	1.141	1.023	0.992	0.869	-
方差解释率%（旋转前）	20.718	13.584	10.376	9.298	9.019	7.899	-
累积方差解释率%（旋转前）	20.718	34.302	44.677	53.975	62.994	70.893	-
特征根值（旋转后）	1.645	1.602	1.309	1.183	1.035	1.024	-
方差解释率%（旋转后）	14.954	14.566	11.904	10.755	9.405	9.309	-
累积方差解释率%（旋转后）	14.954	29.520	41.424	52.179	61.583	70.893	-
KMO值	0.656						-
巴特球形值	349.044						-
df	55						-
p值	0.000						-

从表7可知：调查问卷需要检验效度的11个问题中，除问

题 15 以外,其余所有的问题对应的共同度值均高于 0.6,说明每个问题的信息可以被有效地提取。计算得到的 KMO 判别值 0.656,大于 0.6,接近中等水平,意味着数据具有效度。另外,6 个因子的方差解释率值分别是 14.954%、14.566%、11.904%、10.755%、9.405%、9.309%,旋转后累积方差解释率为 70.893%>50%,意味着研究项的信息量可以有效地提取出来。专业硕士培养与职业资格互通调查问卷学生版通过效度检验,可以基于调查问卷的数据展开分析。通过社会版和学生版两个版本调查问卷的效度分析的比较,学生版单个问题的效度比社会版的略高,但就整个问卷来看,社会版比学生版的效度略高。

4.2.3 调查问卷的数据统计分析

4.2.3.1 对专业硕士培养与职业资格互通的关注度不够

调查问卷的首要问题是对专业硕士培养与职业资格互通的了解程度的问题,在学生版和社会版都有这个问题。问题答案按照了解程度设置为四个等级,分别是非常了解、了解、不太了解和完全不了解。具体调查数据的统计结果如表 8 所示,从表中数据及其分布可以得出:

表 8 调查对象对专业硕士培养与职业资格互通的了解情况统计表

类别	学生版问卷		社会版问卷	
了解程度	占比	累计比率	占比	累计比率
非常了解	4.4%	4.4%	6.53%	6.53%
一般了解	28.62%	33.02%	21.86%	28.39%
不太了解	53.46%	86.48%	56.78%	85.17%
完全不了解	13.52%	100%	14.82%	100%
合计	100%	—	100%	—

第四章 专业硕士培养与职业资格互通分析

第一,对专业硕士培养与职业资格互通了解的比率不高。调查数据显示,无论是学生版还是社会版,对专业硕士培养与职业资格互通项目了解的人数(包括非常了解和一般了解)占比不到三分之一。社会人员对此了解不多,甚至知之甚少是正常的,因为专业硕士培养、职业资格这两个主题虽然比较大众,但是对二者互通的思考的主题则是小众的,属于研究性、探讨性的前沿话题。意料之外的是专业硕士学生中也只有33.02%的同学对此了解,其中非常了解占比4.4%,而与此对应的完全不了解的占比却高达13.52%,这与专业硕士研究生作为互通主体的情况有明显的背离。笔者分析背后原因主要有:一是现有40种专业硕士学位中,有相当一部分都没有具体的职业资格相对应,也就谈不上互通。二是多数专业硕士学位都招收应届本科毕业生,对其专业相应从事的职业了解不多,就不了解二者互通问题。数据显示,对专业硕士与职业资格不太了解的超过半数,说明社会对专业硕士培养与职业资格互通的关注度不足,项目没有广泛地进入大家的视野。并且在开放题的回答中,一些调查者认为:"宣传力度不够,社会了解和认知还不清楚""希望开通更多的渠道让大家参与"。要想顺利地进行专业硕士培养与职业资格互通,首要的任务是提高社会大众,尤其是与此相关各方的了解和认知。

第二,对专业硕士培养与职业资格互通非常了解的人群大都分布于学校等专业硕士培养机构。根据调查结果,学生版中对互通项目非常了解的占比4.4%,社会版中占比6.53%。在"非常了解"的人群中,社会版有76.92%在学校等科研机构中工作(见图5),学生版有85%处于硕士在读阶段,说明专业硕士培养与职业资格互通主要在学校中备受关注。

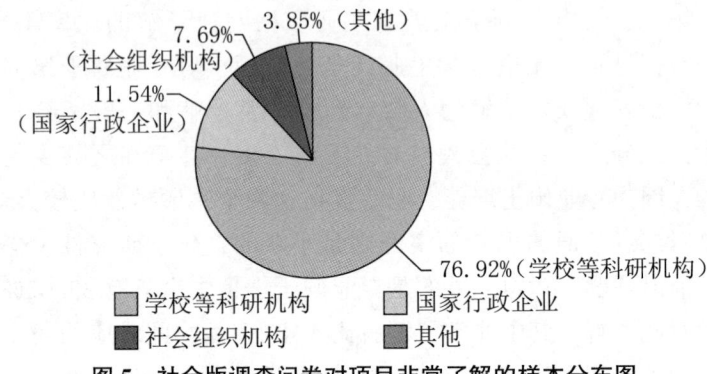

图5　社会版调查问卷对项目非常了解的样本分布图

4.2.3.2 进行专业硕士培养与职业资格互通很必要

为了了解调查人群对专业硕士培养与职业资格互通的态度，调查问卷设置了"您认为专业硕士培养有必要与职业资格进行互通吗"这一问题，答案选项分成"非常必要""一般""无所谓""不必要""完全没必要"5个等级，具体调查数据统计结果见图6。从图中可以得出：

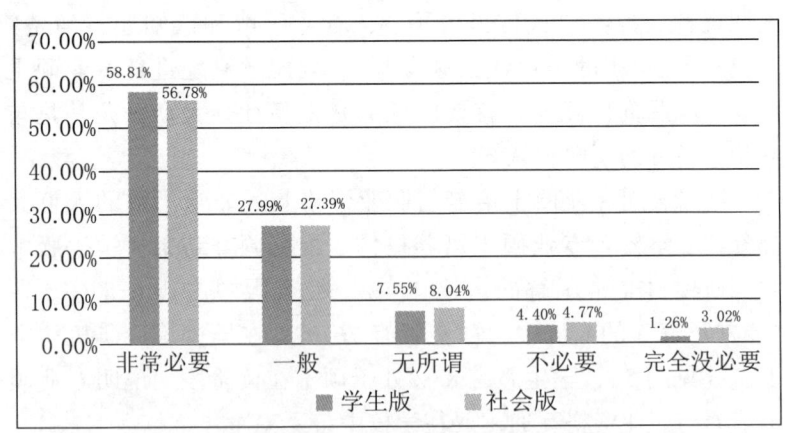

图6　调查对象对专业硕士培养与职业资格互通必要性认识统计分布图

第一，调查对象认为实行专业硕士培养与职业资格互通非常必要。数据显示，认为"非常必要"的占比均超过半数，学生版占比达到58.81%，社会版占比达到56.78%，与此相反的"完全没有必要"的数据占比则分别为1.26%、3.02%，虽然调查对象对专业硕士培养与职业资格互通项目不太了解，但其通过调查问卷有一定初步了解后，认为有必要互通。在开放式的问题中，调查对象中不乏这样的声音："可以提倡，非常好""积极推进该项工作""尽量互通，少些壁垒和重复考试"等，表达了一部分人对二者互通的支持。

第二，学生群体与社会群体对实行专业硕士培养与职业资格互通的态度基本相当。对互通项目持有积极态度的是选择"非常必要"和"一般"的群体，经过累加，学生版共计86.8%，社会版共计84.2%。专业硕士学生是互通模式的主要受益者，其更期望实现专业硕士培养和职业资格互通，而与专业硕士相关联的社会各方对此也是积极支持，数据显示二者基本相当。

此外，笔者对专业硕士培养与职业资格互通最普遍的两种方式进行了追问，分别是"如果职业考试可以根据专业硕士课程进行免修，您认为应该免修几门"和"您同意通过职业资格认证后可免修相应的专业硕士学位课程吗"。面对以上两种假设，平均超过70%的群体选择了1门或1门以上，仅有不到30%的群体不同意免修。同时，学生版有超过80%的人群赞同通过职业资格认证后可免修相应的专业硕士学位课程，社会版有超过70%的人群持赞同意见。可见，社会对专业硕士培养与职业资格互通的需求何其强烈。

4.2.3.3 目前专业硕士培养与职业资格互通水平欠缺

专业硕士培养与职业资格互通水平在问卷调查中主要从以

下三个方面来体现：调查对象对目前互通水平的直观感受、专业硕士学习课程对职业资格考试的帮助程度、开展专业硕士培养与职业资格互通的院校个数。

第一，被调查者普遍认为目前专业硕士培养与职业资格互通水平欠缺。通过调查对目前专业硕士培养与职业资格互通水平的印象和感受，认为目前国内专业硕士培养与职业资格互通水平"一般"的占比最高，学生版占比 46.86%、社会版占比 37.69%，认为互通水平"低"的占调查对象达到了 26%。详细统计数据见表9，数据说明社会普遍认为目前专业硕士培养与职业资格互通水平欠缺。

表9 调查对象对专业硕士培养与职业资格互通的水平评价统计表

类别 了解程度	学生版		社会版	
	占比	累计比率	占比	累计比率
不了解	22.01%	22.01%	29.15%	29.15%
低	27.36%	49.37%	26.38%	55.53%
一般	46.86%	96.23%	37.69%	93.22%
高	3.77%	100%	6.78%	100%

第二，存在专业硕士培养与职业资格互通的高校数量不多。笔者在学生版问卷中调查了你所读的专业是否存在与职业资格互通的现象，66.98%的同学表示不存在互通的现象；33.02%的同学所在的专业存在互通现象，回答存在互通现象的主要集中在资产评估、会计、工程管理、税务等专业硕士点的同学。

第三，专业硕士课程学习对职业资格考试帮助程度不大。笔者进一步展开学生关于专业硕士课程学习对职业资格考试的

第四章 专业硕士培养与职业资格互通分析

帮助程度的调查,调查结果见图7。数据显示,55.35%的同学认为帮助程度一般,6.60%的同学认为没什么帮助,说明专业硕士教育的课程学习与职业资格考试的确存在较大的差异,更谈不上衔接到位。这有可能因为某些学科专业的特殊性,或者专业硕士人才培养与职业资格考试之间的目标差异等原因。

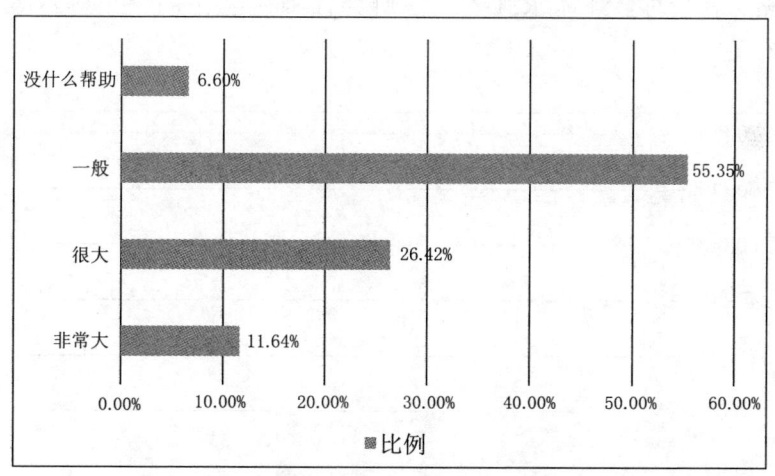

图7 专业硕士课程学习对职业资格考试的帮助

三个方面归纳起来,无论从直观的印象还是具体的互通的学校、专业等都表现出目前专业硕士培养与职业资格互通水平的欠缺。

4.2.3.4 会计专业硕士被认为是目前与职业资格衔接比较好的专业硕士

在社会版调查问卷中列举了部分存在专业硕士培养与职业资格互通的专业硕士,分别是会计硕士、资产评估硕士、教育硕士、翻译硕士、工程硕士、法律硕士、金融硕士、护理硕士,这是多选项,调查对象也可填写自己认为衔接较好的专业硕士点。问卷结果见图8。从图中数据可以直观看出,在众多涉及与职业资格互通的专业学位中,会计专业硕士是公认的衔接得比较好的专业硕士,有高达70%的受访者都这样认为。相对较好的依次是法律专业硕士和资产评估专业硕士。笔者分析会计专业硕士与职业资格互通衔接效果突出主要与会计专业服务面广的特点、会计社会知晓度高、会计从业人员的职业资格要求严格、社会对会计需求强烈、注册会计师协会作用突出等因素有关。

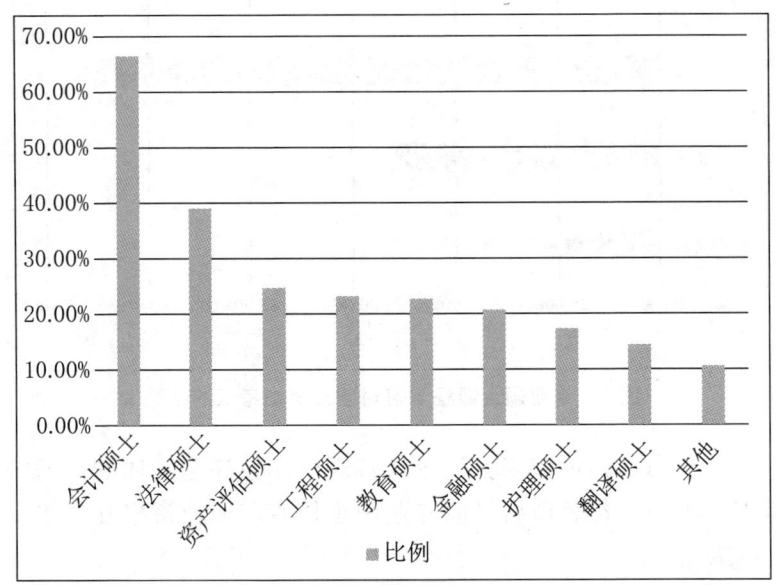

图8　目前专业硕士培养与职业资格衔接较好的专业硕士点排序

4.2.3.5 对专业硕士培养与职业资格互通的赞许大过质疑

调查对象对专业硕士培养与职业资格互通项目有大力支持的,也有不支持的,总体来说,外界的评价赞许大过质疑。

第一,调查对象对互通获得职业资格认可度较高。现有部分专业硕士培养与职业资格互通衔接较好,也有部分学校的专

第四章　专业硕士培养与职业资格互通分析

业硕士培养与职业资格互通执行较好。为此，社会版调查问卷对通过互通获取的职业资格认可度进行调查，调查中将认可度分为5个等级，由1~5分别代表"非常不认可""比较不认可""一般认可""比较认可""非常认可"，调查统计结果如图9所示。从图中可以看出，对互通获取职业资格的认可度比较高，"一般认可"的占比最高，占比36.18%；"比较认可"的占比27.89%；"非常认可"的占比22.61%，累计占比高达86.68%。社会版调查问卷的被调查者是富有工作经验的人士，绝大多数是在学校等科研机构、国家行政企事业、社会组织机构工作的人群，能较好地说明专业硕士培养与职业资格互通的可行性。

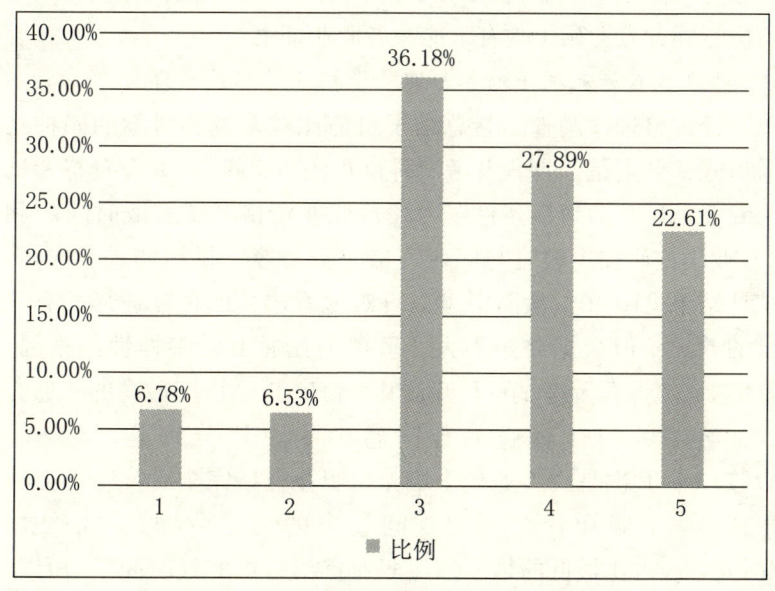

图9　对于互通获得的职业资格认可度

第二，不应该互通和不能双向互通是质疑的主要内容。在最后一个开放题中："您对专业硕士培养与职业资格互通有什么建议",一些被调查者也表达了自己质疑的声音。质疑的内容主要分为两类,一类认为不应该互通,一类认为只能单方面相通。认为不应该互通的表示:"两者的培养目标不一致,认为两者互通没有实际意义""不建议互通,硕士教育并不成熟。考核方向和质量完全不一样,有实力的人根本不需要互通,互通是针对懒惰最好的借口""职业资格和专业硕士培养完全不一样,职业资格注重实践,含金量高,硕士教育重在培养学生学习能力和素质,含金量低"等;认为只能单方面相通的表示:"职称是对工作经验和经历的认可,专业硕士教育是对学习的认可,两者不能互认。职业资格可以用作专业硕士教育的认可,而专业硕士教育不能用于职业资格的认可""培养目标不同,课程体系也不应相同,专业硕士教育只能参考职业证书"。

4.2.3.6 专业硕士培养与职业资格互通形式多样

经过整理,调查问卷总结了目前比较常见和科学的四种互通形式,分别是"课程及考试科目互认和免修""职业资格考试与专业学位互为前提条件""缩短职业资格考试实践时间"和"专业学位研究生教育与职业资格完全对接"供被调查者选择,统计结果见图10。从图中可以直观地看出,四种互通形式有一定的差异,但数据差距不大,呈现出互通形式多样性的格局。具体看,"课程及考试科目互认和免修"是公认度最高的互通方式,学生版和社会版调查问卷中的占比分别是 59.12%、47.74%;其次是"专业硕士培养与职业资格完全对接"的互通形式,学生版和社会版调查问卷中的占比分别是 54.72%、46.48%;占比最低的是"缩短职业资格考试实践时间",所以,"课程及考试科目互认和免修"是最受大众认可的互通形式。

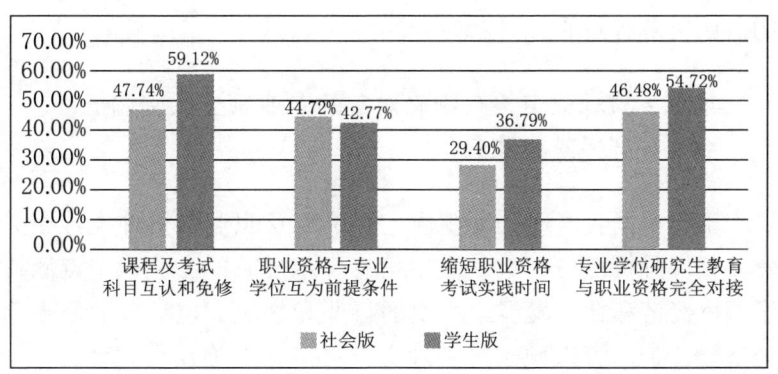

图 10 专业硕士培养与职业资格互通形式认同度统计结果

4.3 专业硕士培养与职业资格互通现状

4.3.1 专业硕士数量远远小于职业资格数量，互通数量有限

我国专业硕士培养与职业资格认证的发展时间相当，都起步于20世纪90年代，但近30多年来，专业硕士培养的发展速度明显落后于职业资格认证。据人力资源和社会保障部国家职业资格管理官网统计数据，目前我国专业学位的种类达到40个，而截至2018年我国各职业领域涵盖的职业数已经达到了1481个，颁布了139项职业资格。职业资格认证虽然存在种类庞杂、质量良莠不齐等问题，但职业资格基本涵盖我国各个行业，并在不断扩充之中，其中知识水平和职业技能要求较高的职业数远远超过已有的专业硕士学位数量。而专业硕士虽然在教育质量和层次上高于职业资格要求，有一些专业硕士学位一个专业对应多个职业资格，但在数量上，专业学位种类上明显少于职业资格，不到职业标准的10%，二者的互通数量总体受限，即使是所有专业硕士与职业资格均互通，其在职业资格中

的占比也是有限的。

4.3.2 与职业资格有明确对应的专业硕士比例偏低，互通基础薄弱

笔者根据我国现有专业硕士学位以及职业资格种类等相关资料整理分析得出表10，表中信息显示现有的专业硕士点涵盖了国民经济和社会发展中主要的行业和领域，包括金融硕士等经济类、工商管理硕士等管理类、法律硕士等社会教育类、工程硕士等技术工程类。

表10 我国现有专业硕士学位点及可对应职业资格简表

学科类别	序号	专业硕士学位点名称	学位点代码	对应职业资格	对应程度
经济学	1	金融硕士	025100	银行从业人员资格、证券从业人员资格等	***
	2	应用统计学硕士	025200	统计专业技术资格	*
	3	税务硕士	025300	注册税务师	
	4	国际商务硕士	025400	海关、报关员资格等	**
	5	保险硕士	025500	保险从业人员资格等	
	6	资产评估硕士	025600	注册资产评估师、房地产评估师	***
	7	审计硕士	025700	审计专业技术资格	
法学	8	法律硕士	035100	律师职业资格	**
	9	社会工作硕士	035200	社会工作者职业资格	*
	10	警务硕士	035300	司法警务师	

第四章 专业硕士培养与职业资格互通分析

续表

学科类别	序号	专业硕士学位点名称	学位点代码	对应职业资格	对应程度
教育学	11	教育硕士	045100	教师资格	*
	12	体育硕士	045200		
	13	汉语国际教育硕士	045300	教师资格	
	14	应用心理硕士	045400	高级心理咨询师	**
文学	15	翻译硕士	055100	翻译专业资格	***
	16	新闻与传播硕士	055200	广播电视播音员、主持人资格、新闻记者职业资格	**
	17	出版硕士	055300	出版专业技术人员职业资格	*
历史学	18	文物与博物馆硕士	065100	文物保护工程从业资格	*
工学	19	建筑学硕士	085100	注册建筑师、建造师	***
	20	工程硕士	085200	注册安全工程师、造价工程师	**
	21	城市规划硕士	085300	注册城乡规划师	***
农学	22	农业硕士	095100		
	23	兽医硕士	095200	兽医资格	*
	24	风景园林硕士	095300		
	25	林业硕士	095400		

· 063 ·

续表

学科类别	序号	专业硕士学位点名称	学位点代码	对应职业资格	对应程度
医学	26	临床医学硕士	105100	临床医生资格	***
医学	27	口腔医学硕士	105200	口腔医生资格	***
医学	28	公共卫生硕士	105300	卫生专业技术资格	*
医学	29	护理硕士	105400	护士执业资格	***
医学	30	药学硕士	105500	执业药师	***
医学	31	中药学硕士	105600	执业药师	**
医学	32	中医硕士	105700	医生资格	**
军事学	33	军事硕士	115100		
管理学	34	工商管理硕士	125100	职业经理人资格证书	**
管理学	35	公共管理硕士	125200	人力资源管理师	*
管理学	36	会计硕士	125300	注册会计师	***
管理学	37	旅游管理硕士	125400	导游资格	
管理学	38	图书情报硕士	125500		
管理学	39	工程管理硕士	125600	监理工程师	**
艺术学	40	艺术硕士	135100		

注：*表示与职业资格对应程度低；**表示与职业资格对应程度一般；***表示与职业资格对应程度高。该表格经笔者整理分析得出。

笔者根据人力资源和社会保障部国家职业资格管理公布的职业工种目录、就业准入目录、全国统考职业目录等信息,对40种专业学位对应的职业资格进行归类整理。40个专业硕士学位点中,有非常明确的职业对应的有25种,其占专业硕士学位点总数的62.5%,如翻译硕士专业学位与翻译专业资格认证、建筑学硕士专业学位与注册建筑师职业资格认证之间基本完全对应,剩下的15种专业学位在职业资格中没有相对应的证书或从业资格。也就是说,我国40种专业硕士类别,有37.5%并没有明确的职业对应,专业学位和职业资格之间没有形成一个有效的互通机制,说明我国专业硕士种类虽然在数量和涵盖面上进行了扩充,但却忽视了专业与职业的衔接性。

4.3.3 专业硕士培养质量与职业资格有差异,存在互通障碍

根据专业硕士教育的培养目标,专业硕士学位的毕业生应该是该领域的专业人员,与相应职业的从业资格紧密相连。但专业硕士培养由于受到学院式培养模式的束缚,全日制专业硕士培养沿用学术型培养模式,部分从业人员不能就读专业硕士,导致专业硕士的培养特点以及自身优势没能完全显现,最后陷入学术性不如学术硕士,应用能力甚至不及职业技术学生的尴尬局面,也就混淆了专业硕士与学术硕士、学科专业化和职业专业化,从而切断了专业学位与职业资格的密切联系。

4.4 专业硕士培养与职业资格互通不畅的主要原因

4.4.1 政府与行业协会（学会）关系尚未理顺，互通方式不明确

第一，政府与行业协会权力关系划分不明确。西方国家职业资格认证一般都由行业协会主导，我国职业资格认证制度产生于工人技术等级考核制度，因此，具体的认证、发证权力等一直由相关行业部门掌握。当少数行业协会（学会）隶属于行政主管部门，甚至还有相应的行政级别时，则其是代表行政主管部门行使权力，而多数的行业协会处于中间的"尴尬"位置，在政府主导的情况下，行业协会没有明确的权力范围。在学会、协会要求与主管部门脱钩，构建独立的第三方机构的背景下，能代言行政部分的行业协会越来越少。

第二，行业协会（学会）无法进行专业学位认证。在美国，基于行业协会（学会）的权威性，一所专业学院取得行业协会（学会）的承认，必须按照其颁布的标准和条件来设置，并按严格的手续进行审批。如果已获得认可的专业学院，在定期的评估中不符合规定标准和要求，将给予警告并限期整改甚至取消对其资格的承认。这样将专业学位教育与职业资格认证紧密连在一起，职业资格认证引导专业学位研究生教育实施和评价。我国专业学位研究生教育主要由教育行政主管部门来评价。行业协会（学会）难以对专业学位教育产生影响，那么就失去互通的意义，行业协会（学会）即使制定出职业资格认证标准，没有公信力和认可度，人才培养单位也可以不遵循，因为专业学位研究生教育不会受到这些行业协会（学会）的影响。

4.4.2 专业硕士培养质量不高，业界缺乏互通动力

专业学位能否真正实现与职业资格的互通，很大程度上取决于专业学位本身的质量与社会认可度。我国许多高校忽略对专业硕士的特色教育，沿用了学术型学位的质量标准和培养方式，专业学位的授予标准目前仍然以 1981 年制订的《中华人民共和国学位条例》为依据，导致专业学位研究生教育既不具备学术型学位研究生教育"学术性"，也没有凸显自身"职业性"的培养目标。一些高校在开展专业硕士教育的时候，只讲经济效益，片面追求规模，忽视社会效益，降低了质量。缺少与业界的交流，高校不能准确了解行业领域发展的趋势及其人才需求的具体规格和标准。业界在专业硕士教育的实践领域则缺乏表达自身利益和要求的渠道，主管职业资格认证的部门就没有互通的动力，这可能会影响职业资格准入的筛选功能，影响行业应用人才的水平。从认定部门角度看，不论是作为行政部门的代言或者是真正的协会（学会）抑或是其他认定业界机构，其在职业资格认定过程中，职业资格培训是其相关部门获取利益的有效途径，不论是何种形式的互通，都是将部分融入高校教育体制之中，对他们来讲都意味着利益的流失。因此，其没有推动专业硕士培养与职业资格互通的动力，进而影响两者的互通。

4.4.3 职业资格认证制度不健全，高校缺乏互通保障

第一，我国职业资格认证制度尚处于探索阶段，与专业学位教育衔接缺乏保障。我国职业认证制度脱胎于劳动资格制度，现有认证标准很多聚焦于实际操作层面的考核和要求，偏离职业，尤其是职业发展的要求，更没有建立以企业需要为导向的

职业资格标准。这导致了职业资格认证难以获得社会认可的问题。近年来，部分新出现并建立了职业资格认证制度的职业才融入了科学技术的新发展，以及就业形式的变化等对职业的新要求，在职业资格认证后基本能满足企业对综合素质高的专门人才的需求。但这样认证的职业资格不多，总体上看我国职业资格处于探索阶段。

第二，职业资格认证标准存在差异，权威性低。由于我国行业协会（学会）发展水平不高，行业协会（学会）定位不明确，行业资格认证的运行机制不尽合理，认证标准、认证层次、认证方式等都有待进一步提升，行业协会（学会）存在标准不一、管理不统一的问题，使得整个认证体系不够完善和规范。

第三，专业硕士培养单位缺乏保障。作为承担专业学位研究生教育责任的培养单位尤其是高校，无论执行哪一个职业资格认证标准，都存在风险。高校承担着培养人才的风险，所以即使明确自身专业学位研究生教育存在着与行业需求脱轨的情况，也不愿迅速对行业界需求做出反应，因为职业资格认证尚处于探索阶段，高校的任何改变不能得到行业界有力的保证。

4.4.4 专业学位相比职业资格发展滞后

专业学位教育与职业资格认证虽基本同时起步，但经过近30年的发展，专业学位教育的发展速度明显落后于职业资格认证。目前我国专业学位的种类达到40个，而已确立了职业资格标准的职业远远超出40个，其中知识水平和职业技能要求较高的职业数远远超过已有的专业学位。我国专业学位教育面临着学位种类少、规模小的难题，同时在专业学位设置中又因侧重学科类别因素，而忽视了行业和职业要求的影响。相较专业学位教育，职业资格认证虽然也存在着资格证书层次多样、良莠不齐等一些问题，但职业资格证书制度认定的职业分类涵盖领域广，包括医师、药师、护理、交通运输、文化教育、公安、生化与药品、制造、资源与测绘、公共事业、土建、财经等诸多领域。人力资源和社会保障部还不断更新审核认定的新兴职业，并不断更新出台新的职业资格标准，极大满足了社会发展对于各类职业提出的新要求。相比之下，专业学位的类型和涉及的职业领域稀少，难以满足社会各领域快速发展对高层次专业人才的实际需求，直接影响了研究生教育的可持续发展。

4.4.5 专业硕士教育与行业协会、职业资格认证的相关度不强

专业学位教育与职业资格认证分属两类不同的制度体系，在管理层面缺乏统一的协调机构。在西方国家专业学位教育、行业协会、职业资格认证三者是紧密相连的，职业资格认证标准的设立是以行业协会为先导，标准设立部门先从行业协会了解该行业的发展趋势、人才需求规模和素质要求，然后以此为参考设定职业资格，并将其应用到专业硕士培养计划中去。在我国专业硕士教育与行业协会的关联性较弱，职业资格认证与行业协会的关联性也不高，专业学位的设立主要经由教育部和国务院学位委员会审核批准，职业标准则由劳动和社会保障部开发设定，两者的设立皆由各自独立的部门负责，缺乏中间部门的协调，使得专业学位教育与职业资格认证之间难以形成有效联系。

4.4.6 学历证书与职业资格证书缺乏互认基础

学历教育与职业教育分属不同的管理系统，在教育方面各有偏重。《中华人民共和国宪法》中明确规定了我国的教育目的

是培养青年、少年、儿童在品德、智力、体质等方面全面发展，成为有社会主义觉悟的有文化的劳动者。但仅仅依靠学历教育或职业资格教育单方面力量将难以达到培养德智体全面发展的综合性人才的要求，因此，要将这两者有机结合，找到利益共通点，从而形成学历证书与职业资格证书互认的局面。但由于我国职业资格证书缺乏社会公信力和一定的权威性，各学位教育机构互认的积极性不高，再加上政府也没有出台相应的鼓励政策，导致双方互认的内在动力不足，外在力量薄弱，学历证书与职业资格证书互认机制难以形成。

4.4.7 专业硕士培养与职业资格的衔接机制建设不足

我国是 1990 年启动了专业学位研究生培养制度，由于起步较晚，因此在专业学位研究生培养管理方面一直处于探索阶段。在人才培养方案、培养计划、学分设置、课程安排、教学内容、毕业设计（论文）、管理办法等环节大体沿用学术型硕士的培养模式，而学术硕士培养模式都带有浓重的学术色彩，从而忽视了专业硕士侧重实践能力培养的特点。各院校在课程设置上过于强调学科体系的完整性，而忽视了专业学位教育是向特定行业输送高水平应用型人才的初衷，导致专业学位与职业相脱节、与其对应的职业资格脱节、与职业资格证书所要求的考核内容脱节，以至于很多专业硕士在攻读学位期间和前后，还要花费大量的时间、精力和费用去考取相关的职业资格证书。这不仅是个人时间和精力的双重浪费，还是国家教育资源的巨大浪费。

第五章

国外专业硕士培养与职业资格互通的主要模式

由于我国的专业硕士教育与职业教育起步较晚，而发达国家的职业教育与专业硕士教育已经经历了长时间的发展，其教育制度、管理模式、教学体系已经较为成熟了，为了少走一些弯路，笔者对英国、澳大利亚、德国、韩国在专业硕士培养与职业资格互通做法中具有借鉴意义的模式与制度进行简略分析和总结，结合我国的实际情况，去粗取精，建立具有中国特色的人才培养模式，建立具有中国特色专业硕士培养与职业资格互通的模式。

5.1 英国模式

5.1.1 英国职业教育背景简述

英国早期是一个重学术轻技术、重学历轻职业资格的观念根深蒂固的学术传统浓厚的国家。后来随着经济全球化的深入和世界科技的迅猛发展，传统工业在英国 GDP 中的比重逐渐下降，服务业迅速发展，产业结构的升级导致英国对劳动力的要求从原来的技术型向服务型转变。这既是英国职业教育发展的背景,也是刺激英国职业教育快速发展的直接动因。英国政府为了大力发展职业教育,在全国范围内大肆宣传职业教育,还对教育体制和就业制度大刀阔斧地进行改革,使得英国成为各国借鉴学历教育与职业教育衔接经验的典范。

5.1.2 英国职业资格基本框架

1986年10月,英国开始正式推行国家职业资格制度(National Vocational Qualification,NVQ),NVQ一共分为五级证书,由低到高对应熟练工人、技术工人、技术员、高级技术员与专业人员。1992年,推出普通国家职业资格(General National Vocational Qualification,GNVQ),分为初级证书、中级证书和高级证书。英国政府允许职业技术教育与普通的科学教育之间互相转学,即中学毕业后(16岁后),学生可以在进普通学校继续学习和职业技术学校按GNVQ或NVQ学习之间进行选择,这三者之间也可以互相转学。接受职业教育获得GNVQ高级证书或NVQ三级证书者,既可以就业,也可以免试直接升入大学攻读学士学位,还可以继续沿着职业教育的途径取得NVQ四级、五级证书,其学历资格等同于学士学位。之后,还可以再攻读硕士、博士学位。1997年,英国所有职业资格类证书全部进入国家资格框架体系(National Qualification Framework,NQF),分为5个等级。2000年,高等教育资格框架(Frame for Higher Education Qualification,FHEQ)与NQF实现整合。2004年,NQF重新调整为九级资格框架。详细参见表11。

表11 英国国家资格框架(NQF)与高等教育资格框架(FHEQ)(2004年)

国家资格框架(NQF)		高等教育资格框架(FHEQ)
五级NQF(示例)	九级NQF(示例)	等级(示例)

第五章 国外专业硕士培养与职业资格互通的主要模式

续表

国家资格框架（NQF）		高等教育资格框架（FHEQ）
5级——翻译 5级文凭	8级——专业认证	博士学位
	7级——翻译7级文凭	硕士学位、大学毕业证书和文凭
4级——幼教 4级证书	6级——专业生产技能 6级国家文凭	学士学位、大学毕业证书和文凭
	5级——3D设计高等国家文凭	高等教育和继续教育文凭、基础学位和高等国家文凭
	4级——幼教4级证书	高等教育证书
3级——航空工程3级NVQ		
2级——美容专家2级文凭		
1级——机动车辆研究1级证书		
入门级——成人文字入门级证书		

资料来源：谷晓洁、李延平："英国职业资格框架制度改革的价值选择与本质回归"，载《职业技术教育》2018年第36期。

NQF因为其学习周期过长而饱受诟病，英国于2003年对资格框架进行修正，引入学分框架，经过多年的测试，最终于2008年正式确定了资格与学分框架（the Qualification and Credit Framework，QCF），在2011年取代NQF。QCF不同于NQF在学习上的重复性，把学习单位作为最小的单位，用记录仪记录学分，以确保学习成果。按照学习量将QCF分为了三个层次：单科证书（1学分~12学分）、证书（13学分~36学分）、文凭（37学分以上）。同时，按照难度不同将QCF分为了九个级别，一共27个资格，与此对应不同的等级、学习量和资格名称。随着QCF的推广，英国的资格证书疯狂增多，却良莠不齐，其质量难以维持。2015年，QCF全面撤出市场，以新的规范资格框架（Regulated Qualification Framework，RQF）来管理当下英国资格证书和颁证机构的混乱局面。RQF框架的横轴表示大小（Size）：完成证书所需时间；纵轴表示水平（Level）：证书的难度和复杂度，见表12。为了更好地实现职普融合，RQF还保留了与高等教育资格框架（FHEQ）的对应关系。

表12 规范资格框架与高等教育资格框架

级别	规范资格框架	高等教育资格框架
入门级	入门级证书；入门级生活技能；入门级认定，证书和文凭；入门级功能技能；入门级基础学习	——
1	GCSE成绩为D~G；关键技能1级；NVQ1级；生活技能1级；基础文凭；BTEC认定，证书和文凭1级；基础学习1级；功能技能1级；剑桥国家1级	——
2	GCSE成绩为A~C；关键技能2级；NVQ2级；生活技能2级；高级文凭	BTEC认定，证书和文凭2级；功能技能2级；剑桥国家2级；剑桥技术2级
3	AS and A level；高级拓展证书；剑桥国际认定；国际文凭；关键技能3级；NVQ3级；高级文凭；进阶文凭；BTEC认定，证书和文凭3级；BTEC国家级；剑桥技术3级	
4	高等教育国家证书；高等教育证书；关键技能证书4级；NVQ4级；BTEC高级专业认定，证书和文凭4级	高等教育国家证书；高等教育证书
5	高等教育国家文凭；NVQ4级；高级文凭；BTEC高级专业认定，证书和文凭5级	高等教育文凭；继续教育文凭；基本学位；高等教育国家文凭

续表

级别	规范资格框架	高等教育资格框架
6	NVQ 4 级；BTEC 高级专业认定，证书和文凭 6 级	学士学位；毕业证书；毕业文凭
7	BTEC 高级专业认定，证书和文凭 7 级；奖学金和奖学金证书；研究生证书；研究生文凭；NVQ 5 级	硕士学位；研究生证书；研究生文凭
8	NVQs 5 级；职业资格 8 级	博士学位

资料来源：安立魁、王一定、白玲："RQF：英国资格证书的新框架及其启示"，载《职业教育研究》2017 年第 7 期。

对比之前颁布的各式框架，RQF 更像是一个书架，书架里包含了英国所有的证书，通过横轴（Size）和纵轴（Level）形成特有的坐标位置，以此锁定为一个资格证书，同时，也可以通过资格证书的坐标位置来查看（Size，Level），了解完成该证书所需时间以及难度和复杂程度。RQF 致力于构造一个更加简洁的职业资格证书框架，"书架"中的"书"将会越来越少，越来越精简，精选留下的证书融通性更强，更加适应市场和社会的发展趋势。

5.1.3 英国模式对我国专业硕士培养与职业资格互通的启示

一是要有基本完整的职业资格体系。"英国职业资格证书（NVQ）现有 700 多个职业标准，14 级国家职业资格证书已覆盖了全国 80%以上的劳动力市场。"据人力资源和社会保障部国家职业资格管理官网统计数据，目前我国各职业领域涵盖的职业数已达到 2194 个，但颁布了职业标准的职业数仅为 894 个，覆盖率接近 41%，还远远低于英国水平。因此可以以市场为导向，根据行业的发展趋势和从业人员的现状，以及对人才类型、层次、能力的要求设立职业资格。

二是要有普通教育与职业教育的互换机制。英国完全实现了学历教育与职业教育享有平等的权利，为取得一定职业资格的学生提供接受高等教育的机会和条件。中国应该用这样的模式搭建起普通教育与职业教育的互通，既有利于学生的连续教育，又为分阶段教育提供了条件，使普通教育与职业教育有机结合，共同朝着一体化方向发展。目前我国在本科层次，在部分地区、在部分专业实现了职业教育与普通教育的衔接，即常常提到的"3+2"模式、"3+4"模式，在中职学校或者高职学校学习完成后可转入普通高等学校相应专业学习。硕士层次基本是空白，但与英国模式的有机结合，有一一对应关系的特征相比，还需不断探索普通教育与职业教育的有效对接机制。

三是要改革研究生专业设置与培养目标。专业硕士的培养目标可以参照英国国家职业资格证书（NVQ），以不断满足以雇主为代表的行业企业发展需求为培养目标。为达到人才培养目标的教学方法都是可以采用的。在专业设置上借鉴普通教育与职业教育和职业等级挂钩的做法，解决我国当前专业学位课程目标与专业设置脱离社会发展和行业的实际需要，导致许多专业硕士毕业后依旧找不到工作，学校人才培养无法和社会人才需求形成良好对接的问题。

5.2 澳大利亚模式

5.2.1 澳大利亚职业资格基本框架

澳大利亚具有世界知名的国家职业资格框架体系，该体系规定中等教育体系可获得两个证书，普通高等教育体系可获得6个等级证书，分别是文凭、高级文凭、本科文凭、本科后文凭、

第五章 国外专业硕士培养与职业资格互通的主要模式

硕士文凭和博士文凭,职业教育体系可获得6个等级证书,即为一至四级证书、文凭和高级文凭。中等教育体系和职业教育体系学习的学生都可以取得一级证书和二级证书,在职业教育体系和普通高等教育体系学习的学生,可以取得文凭和高级文凭,取得职业教育体系中的文凭和高级文凭的学生可以免试直接进入大学二年级攻读学位。具体见表13。澳大利亚模式将中等教育、普通高等教育和职业教育有机地结合起来,形成三方互通的流动机制。

澳大利亚职业资格证书是劳动者操作能力和解决实际问题的能力的综合反映,是得到企业认可、社会认同的综合技能文凭,并且全国统一,具有较强的权威性,因此人们乐于接受职业教育。澳大利亚的职业教育机构是专门的 TAFE(Technical And Further Education,简称TAFE),即职业技术教育学院。该学院在招生时采取宽松的准入政策,不管是就业前或就业后的人员都可以报名接受教育,在学习时间和课程的选择上比较灵活,学生可以根据自己的时间安排选择全日制学习或时间制学习,根据自己的兴趣爱好、就业方向选择课程。在培养目标上突出综合能力的培养,让学生们提前学习就职后所应具备的能力,以便从业后更好地适应职场环境。中等教育、普通高等教育和职业教育的互通与灵活科学的教学安排使就业前教育和就业后教育紧密相连,形成澳大利亚可持续发展的全民教育的格局。

表13 澳大利亚职业资格认证框架(AQF)

中等职业	职业教育	程度描述	高等教育
		高级学位——高级专业人员/经理	博士
		(第一学位)专业人员/经理	学士学位

续表

中等职业	职业教育	程度描述	高等教育
	高级文凭资格	专业辅助人员/管理人员	高级文凭资格
	文凭资格	专业辅助人员/技术员	文凭资格
	四级证书资格	高级技术人员	
	三级证书资格	技术人员	
	二级证书资格	高级操作员/服务性工人	
高级证书	一级证书资格	半技术工人	

5.2.2 澳大利亚模式对我国专业硕士培养与职业资格互通的启示

改革专业设置、培养目标和教学方法是满足人才需求的必要途径。我国当前专业学位课程目标与专业设置脱离社会发展和行业的实际需要，导致许多专业硕士毕业后依旧找不到工作，学校人才的培养无法和社会人才需求形成良好的对接。就此问题，我国可以借鉴英国模式，在英国，国家职业资格证书（NVQ）能够不断满足以雇主为代表的行业企业发展需求。

在培养目标和教学方法上可参考澳大利亚模式。注重职业能力的培养，让学生们提前学习就职后所应具备的能力，以便从业后更好地适应职场环境；在课程安排上，开设阶段性又可持续的教育培训课程，人们能够在不同时期根据不同的需要进行自由选择；在教学方法上可以采用灵活多变的教学方式，打破教学只能在学校、室内完成的传统观念，拓展户外模式，将校内学习与校外实践相结合，形成内外合一的教学模式。

第五章 国外专业硕士培养与职业资格互通的主要模式

5.3 德国模式

5.3.1 德国职业教育背景简述

德国在第二次世界大战战败后,由于战争的破坏,百废待兴,可是德国用了50年左右的时间,在经济上就跻身于世界前列,经济增长带来的翻天覆地变化的背后是与德国全面的职业教育高度相关的。德国高职教育发源于20世纪60年代末70年代初,随着工业和经济的高速发展,各种操作工人、技术人才十分短缺,急切地呼唤高级应用型技术人才加盟各大企业,以适应技术革新和企业规模扩张的需要。为此,德国于1968年10月通过了《联邦共和国各州统一专科学校协定》,决定在已有的中等职业技术教育的基础上成立高等专科学校,以提升职业技术教育培养人才的规格和层次。经过多年不断实践和完善,德国的职业学院和高等专科学校逐渐形成了学制短且灵活,规模不大,职业适应度高,技术应用性强与就业率高等特征,从而发展成为一种可与综合大学差异化发展的高等教育的类型。据德国有关方面统计,目前德国西部90%以上的青年在普通中学毕业后,都愿意选择走上高职教育的道路。近年来德国高中生接受高职教育的百分比在发达国家普遍下降的同时基本保持不变,比例高达80%,并且已经形成了德国特色的高职教育体制,在德国人才培养、技术传承、经济发展中发挥着独特的作用。

5.3.2 德国"双元制"模式

德国职业技术教育的主要特征就是"双元制",所谓"双元制"职业教育,是指学生在企业接受实践技能培训和在学校接受理论培养相结合的高等职业教育形式。从另外一个角度看,也是职业教育与职业资格衔接互通的一种模式,只不过其是本科层次,本书讨论的重点是研究生层次。"双元制"不同于学校制形式,可以称为部分学校制高职教育形式,因为接受"双元制"培训的学生,一般必须具备主体中学或实科中学(相当于我国的初中)毕业证书,之后,自己或通过劳动局的职业介绍中心选择一家企业,按照有关法律的规定同企业签订培训合同,得到一个培训位置,然后再到相关的职业学校登记取得理论学习资格。这样他就成为一个"双元制"职业教育模式下的学生。其具备双重身份:在学校是学生,在企业是学徒工,其有两个学习受训地点:培训企业和职业学校。"双元制"教育的毕业要求是通过一次"三证合一"的考试,即获得考试证书、培训合格证、职业学校毕业证。归纳起来,德国"双元制"模式的特点主要有:

第一,突出的是"双元"。德国创造的双元模式中的"双"可以多种理解,是"校内与校外、理论与实践、学校与企业、需求与供给"等的有机结合、相互渗透。更为一般意义上说,"双元制"既是一种教育形式,又是一种教学模式,更是一种学校教育与职业资格衔接互通的模式。从经济上算,"双元"也体现为双赢,学员们在企业接受校外教育,在实践中学习操作技巧积累工作经验并获得一定的薪酬,企业虽然支付学员薪酬,却以低廉的支出得到学员们提供的逐渐成熟的技术。

第二,国家统一职业标准。"双元制"的创立并逐渐发展是与德国的培训市场与劳动市场紧密联系、有机协调的,德国的培训市场同时也是一个人才供应市场。因此,职业培养与社会职业需求密切相关,并随着社会经济与生产的发展不断变化调整。德国职业的设立是由联邦政府根据国家的经济发展状况、社会需求统一设计公布,并得到国家承认的。这就较好地协调了社会需求、职业岗位设置与培训教育的关系,达到了职业要求规范、标准统一、全社会全行业通用、培养与就业结合。具体的职业标准见表14。

表14 德国国家资格框架(DQR)与欧洲资格框架(EQF)对应关系

欧洲资格框架(EQF)	德国国家资格框架(DQR)	高等教育学历/职业资格
1级	1级	中学毕业资格
2级	2级	高中毕业资格
3级	3级	2年制职业资格
4级	4级	3~3.5年制职业资格
5级	5级	技术员、经济师资格
6级	6级	学士
7级	7级	硕士
8级	8级	博士

资料来源:赵亚平、王梅、安蓉:"德国终身学习国家资格框架研究",载《职业技术教育》2015年第31期。

第三,职业教育以法制和政策体系的建设为保障。1969年8月14日,德国颁布并实施《职业教育法》。此外,尚有若干法规涉及职业教育,如《手工业条例》《青年劳动保护法》《企业法》《职业促进法》《劳动促进法》等,使培训工作以法律文书的形式加以固定,实现了高职教育规范化、制度化、法制化。

德国"双元制"这种将理论与实践紧密结合的高职教育方式,不仅为德国经济的发展培养了大量优质的应用型人才,为德国经济发展科技创新注入新鲜血液,同时也为其他各国的学术教育与职业教育的互通提供了成功的模板和经验。

5.3.3 德国模式对我国专业硕士人才培养与职业教育的启示

第一，双方或者多方参与是关键。德国高职教育的一大特色就是普遍实施"双元制"，由学校企业共同培养人才。我国教育界也认识到其重要性，也积极倡导学校企业共同培养人才，国家也先后出台政策支持鼓励。但实际操作中效果不好，常常出现的问题是学校积极主动，但企业消极被动，没有动力。部分学校在本科、硕士层次尝试进行的"3+1""2+2""2+1"等人才培养的校企联合模式，试图与企业或用人单位协同完成教学及实训过程，通过理论与实践的双重训练，培养不同层次和类型的技术类人才，但实际效果不理想。这与我国国有企业普遍存在委托代理现象，进而以短期目标、短期经营行为为主，其对不能产生现实作用的人才储备不重视有很大的关系。德国"双元制"中的学校、企业在经济上双赢，中国企业均优先使用有工作经验的熟手，而不愿意用新手，新手的培养是有一个耗时、耗钱、耗精力的较长的过程，企业尤其是私企均不愿意。因而需要大力呼吁我国企业参与到专业硕士人才培养中去。

第二，尊重工匠精神是引领。德国"双元制"职业教育模式之所以能够得到社会各方面的普遍认可，其背后原因是德国社会上下普遍尊重具有工匠精神的参与者。德国文化是鼓励把一个事情做到极致，社会没有明显的蓝领不如白领，蓝领比白领低人一等的观念。因此，学习借鉴德国"双元制"模式过程中，目前我国不少高职院校已将"产学研结合"列为教学的基本途径，但在具体实施过程中还存在诸多问题，其中最为突出的就是各种职业教育处于教育的底端，职业教育学校想转向普通学校，高职学生都想转向普通本科学习，这样的趋势延续到硕士层次，存在专业硕士教育不如学术教育的社会意识。要真正学习德国"双元制"模式，必须在全社会树立起弘扬、尊重工匠精神的氛围。只有在这样的氛围中，专业硕士学位教育才能保持与社会、企业的高度联系，不与实际脱节，更新完善教学内容，通过理论和实训的双重培养，锻炼出适合社会发展的高技术应用型人才，才能有效地节约教育资源，构建全社会育人模式，培养出优质人才。

5.4 韩国模式

5.4.1 韩国国家技术资格鉴定体系

韩国自1967年开始筹划国家技术资格鉴定体系，正式对职业技术知识与技能水平进行鉴定和认可，并为商业、工业及政府组织所需要的人力资源的培训和发展提供正确的导向。1973年12月，韩国政府公布了《国家技术资格法》，紧接着于1974年10月16日颁布了《关于实施〈国家技术资格法〉的细则》，该法令规定，韩国的职业学校、实业高中、实业专门学校和初级大学毕业生必须义务参加国家技术资格鉴定考试。根据《国家技术资格法》，即将毕业的专科大学生，必须通过技能士一级和技能士二级的国家技术资格考试，否则无法获得学校推荐。在法令付诸实施后的1975年9月，参加技术资格鉴定考试的学生达38 000人，考试范围包括机械、土木等13个专业。韩国政府对学校学生的成绩进行分段，对考试合格者分别授予技术员和技能士的职称。《国家技术资格法》的颁布与实施，提升了职业技术学校的社会地位和学生的学习积极性，促进了韩国职业技术教育的发展，提高了人力资源效率。

国家技术资格鉴定分为技术员、技能士与服务商贸三个大类。技术员类别包括技术员二级、技术员一级和专业技术员三个水平,技能士包括助理技能士、技能士二级、技能士一级和技能长四个水平,服务类包括三级、二级和一级三个水平。专业技术员资格鉴定由笔试和口试两部分组成,除助理技能士只需实际操作技能测试外,技术员系列的技术员一级、技术员二级与技能士系列的技能长、技能士一级、技能士二级的鉴定均由笔试和实际操作测试两部分组成。

韩国人力局以及韩国商业与工业协会负责国家技术资格鉴定的组织实施。1991 年,技术人员类共有 317 147 人参加鉴定,仅有 38 158 人通过,合格率为 12%;技能士类共有 984 083 人参加鉴定,204 170 人通过,合格率为 21%;服务类有 2 375 521 人参加鉴定,703 412 人通过,合格率为 29%。至 1992 年底,全国共有 612 622 人获得技术员资格证书,2 594 723 人获得技能士证书,9 271 824 人获得服务类资格证书。至 1996 年底,共有 4 905 329 名受训者获得了国家技术资格证书。

5.4.2 韩国模式对我国专业学位教育与职业教育的启示

第一,这些国家的职业技术教育之所以蓬勃发展,以满足本国政治、经济发展的需要,关键因素是这些国家十分重视职业技术教育的顶层设计和制度建设,而且在实施中不断规范、完善。通过立法,建立职业技术教育发展的坚实法律保障,让职业资格证书的运作有明确的规范法则。

第二,严格的质量管理是推行职业资格证书制度的根本保证。韩国建立了一整套质量控制体系,从标准制定,到考核组织,到考评人员和督考人员管理,全方位都有严格的制度和章程,从而保证了国家职业资格证书的科学性、可靠性和权威性。

第三,将职业资格制度作为促进劳动者再就业的重要途径。改革国家教育培训制度,使它与就业联系更紧密,更好地满足

第五章 国外专业硕士培养与职业资格互通的主要模式

劳动力市场的需要,是政府的重要任务。就业是世界性的难题,解决就业问题,不仅仅需要新增就业岗位,更需要培养能适应新的就业岗位的人。一些简单重复的工作被机器代替,导致部分劳动者失去了过去的工作,他们要想适应新的职业和岗位,必须参加新知识和技能的培训。这种结构性失业的难题,各国需要通过加强教育培训、完善职业资格制度来解决。

第四,通过推行国家职业资格制度,为教育培训事业开辟一条朝向国家职业资格标准指引的职业性、应用性方向发展的新道路。在发展教育培训中,充分调动起社会各界,特别是企业、行业的作用。

第六章

专业硕士培养与职业资格互通机制的设计

6.1 专业硕士培养与职业资格互通的必要性

6.1.1 专业硕士培养与职业资格互通能有效实现协同创新

协同创新作为创新的实现途径，对整合科技资源、提高创新效率、增强创新效果、传播创新成果起到重要作用。研究生教育融合知识传授、知识创新和知识转化，是创新人才的重要组成部分，其培养目标单凭某个主体是无法完成的，研究生创新意识的培育、创新能力的提高需要更加广阔的创新实践时空区域。学科壁垒成为高校专业硕士创新精神和综合素质的主要培养障碍，因此，多主体、多要素的协同创新培养模式已经成为专业硕士发展的时代诉求。协同创新培养模式是专业硕士培养与职业资格的互通得以实现的有效途径之一。在多主体协同的过程中，各项创新体制壁垒、专业学科的封闭边界被打破，使互通所需的各项教育培养资源和要素有效汇聚，各个培养主体充分释放各项创新活力，实现深度合作的理念、范例和方法。社会经济、科技飞速发展，使得对高水平职业教育和高层次技能人才的需求日益旺盛,这就对专业硕士培养与职业资格进行协同创新提出了新的要求。

6.1.2 专业硕士培养与职业资格互通是培养 X 型人才的重要途径

专业硕士,中国学位与研究生教育信息网将其界定为,针对社会特定职业领域的需要,培养具有较强的专业能力和职业素养、能够创造性地从事实际工作的高层次应用专门人才而设置的一种学位类型。从基本内涵看,专业硕士培养与职业资格之间存在一定的共同属性。专业硕士培养和职业资格教育的相互渗透与融合,能培养学生的系统思考综合能力和职业资格能力。我国经济社会迅猛发展,一个突出的特点是以高新技术产业为导向的内生创新驱动促进社会发展转型升级。产业结构的转型升级和经济增长方式的转变,加快了对高水平应用型人才的需求。同时,随着社会的发展,越来越多的与高新技术产业相关的职业岗位应运而生,这些岗位都对职业的技术含量和专业化程度要求越来越高,愈发呈现高层次、多样化的特点。专业硕士培养和职业资格认证互通,是一种培养知识水平与实践技能相结合的 X 型人才的重要途径。

6.2 互通设计的原则

6.2.1 分摊共赢原则

分摊共赢原则是指高校、学生、行业协会等各个组织在专业硕士培养与职业资格互通的实施过程中各司其职,共同承担责任、风险、成本等,以达到共赢的目的。高校、学生、老师、行业协会、培训机构、用人单位、政府等有着不同的价值观、追求目标和利益诉求，但专业硕士培养与职业资格互通机制将各方联系起来。在这个过程中，由于涉及的利益相关方众多，需要调动的资源庞大，单凭某个组织无法带动机制的有效运转，需要各方加强协调互动，共同助力互通工作的顺利开展。各个组织投入不同程度和维度的资源，扮演不同的角色，承担不同的责任，享受不同的成果。政府要协同高校加强对专业硕士培养、行业协会对职业资格认证的顶层设计，科学绘制人才培养的规划愿景，减少社会中因职能交叉带来的资源浪费，有利于专业人才培养系统的良性运转；高校、老师按照政府规划的总体要求，在培育人才方面有的放矢，把专业硕士实践能力和创新能力的培养和促进作为主要目标，有利于培养出高层次应用型人才；行业协会、培训机构协助高校制定人才培养方案的同时，努力提高职业资格认证的质量，依照互通的要求科学调整职业资格认证系统，避免互通带来的负面效应，有利于职业资格认证的地位上升到一个新的高度；学生作为互通项目的主体，在互通机制的鼓励下，避免了重复学习，减轻了压力，早日把自己培养成合格的应用型专门高级人才，有利于个人可持续发展。

6.2.2 可持续发展原则

可持续发展原则要求专业硕士培养与职业资格互通机制不是一个短暂的或者阶段性的过程，而是一个阶段接着一个阶段的持续发展路线。因此，专业硕士培养与职业互通机制的设计应该以能在实践中不断更新、不断完善、不断进步得以长足的发展为目标。

建立互通机制阶段：首先是理论指导实践，由于专业硕士培养与职业资格互通机制初步成型，需要实践的验证。专业硕士培养与职业资格互通的实行，符合各方利益，有利于社会资源的整合。基于以上的诸多好处，专业硕士培养与职业资格互通机制有望得到各方认可。前期要做的就是在理论指导实践的过程中总结经验，不断地完善理论，做到实践丰富理论。

巩固互通机制阶段：以上一阶段的理论为指导，进行巩固阶段的互通工作。在实践与理论的高度融合和相互指导的过程中，让专业硕士教育与职业资格教育在一届一届互通中实现良性循环，互通机制也在一个阶段指导另一个阶段中螺旋式上升，实现新的升华。

6.2.3 职业发展导向原则

职业发展导向原则是指专业硕士培养与职业资格的互通机制培养的目标是未来要在行业中发展的，互通机制应该考虑是否有利于职业发展评判标准。由于学术型学位以学术研究为导向，培养的是以理论和研究见长的高校教师和科研机构的研究人员为主的学术人才；而专业学位以专业实践为导向，培养的是以实践和应用见长的并具有特定理论基础的高层次专门人才。基于以上区别，加之随着我国经济结构转型和产业升级步伐的不断加快，大量企事业单位对人才的需求更加注重实践能力和创新能力。专业硕士研究生是最有希望成为本科层次以上，素质、能力、知识等方面都适应经营一线工作需要的应用性人才。因此，要求专业硕士所学习的课程、进行的考试，都要有利于职业发展导向。专硕教育与职业资格互通，是以学生职业发展导向原则为基础，让学生在攻读硕士期间，明确方向和目标，积累知识的同时加强与行业的联系，向着对个人职业发展最有力的方向发展。

6.3 现有专业硕士培养与职业资格互通的典型模式及启示

我国专业硕士培养与职业资格互通的整体进程虽然缓慢，但某些专业上也取得了不俗的成绩，其中最典型也最成功的是建筑学专业硕士学位与注册建筑师职业资格的互通。注册建筑师制度模式借鉴了美国、英国等发达国家的做法，制定严格的执业准入要求，同时组建由相关各界专业人士为代表的评估委员会开展建筑学专业评估认证工作。只有通过了评估委员会审核的培养单位才能报国务院学位委员会审查，通过后正式发函通知学校可授予建筑学专业硕士学位。在该模式的成功运行下，截至 2019 年 4 月 10 日，我国一级注册建筑师注册人数达 537 749 人。其中具有建筑学专业硕士学位毕业生所占的比重为 55%左右，建筑学专业硕士获得者已成为国家一级注册建筑师的主体。从建筑学专业硕士与注册建筑师模式的运作理念和具体方法中得到的启示如下：

6.3.1 互通中引入第三方评估机构

第一，仅从建筑学专业硕士来看，从专业学位培养单位和职业资格两个方面进行互通存在一定的难度，对此，需要借助其他力量。建筑学专业硕士学位与注册建筑师互通机制中引入了评估委员会，该委员会由建筑设计单位专家、行业专业人士和建筑教育专家共同组成，负责对专业学位和专业学位培养单位的审核认证，以确保专业学位的设立做到有的放矢，符合国家宏观经济政策，迎合未来行业发展趋势，满足人才培养要求。

第二,行业协会凭借其对行业的认识和了解协助专业学位和职业资格的设立,通过与评估小组内部成员公开探讨,听取行业内资深人士、学术界专业人士以及教育界相关人士的专业意见,确保专业学位与职业资格的设立能够满足实际需要。同时将职业资格应用到专业硕士培养计划中去,通过专业硕士的学科安排、课程设计、教学方式等途径实现这一培养目标,从而打破专业硕士培养和职业资格关联度小的局面,为专业硕士培养与职业资格互通创造良好的内部条件。

第三,在实现专业硕士培养与职业资格互通的过程中,涉及的相关部门机构较多,例如政府相关部门、行业协会、职业资格认证部门、培养院校、用人单位等。引入独立的第三方机构是一个可行的把各方连接起来的机制,在互通机制实际操作过程中,第三方机构相对容易平衡各方的相互关系和利益冲突,通过第三方机构监督以保证各方达成的互通机制能够顺利实施。

6.3.2 获取职业资格有一定难度

建筑学专业硕士之所以能与注册建筑师有效互通,其中一个重要原因就是注册建筑师考试相对比较难,包括有一定难度的建筑方案设计和建筑学学科基础的理论部分。建筑学专业硕士之所以能与注册建筑师有效互通,其中一个重要原因就是注册建筑师考试难度相对比较大,包括有一定难度的建筑方案设计和建筑学学科基础的理论部分。而且注册建筑师还细分为一级、二级,一级注册建筑师的考试科目、考试内容和难度都大幅度提升考试科目有9门之多,考试内容涵盖了知识类,以作图为代表的综合应用类,建筑经济与业务管理类,每门考试的总分和合格分数也依据实际情况而不同,不是统一标准的100

分模式。具体的考试科目是：设计前期与场地设计（知识题）；建筑技术设计（作图题）；建筑设计（知识题）；建筑结构；建筑物理与建筑设备；建筑材料与构造；建筑经济、施工与设计业务管理；建筑方案设计（作图题）；场地设计（作图题）。从考试时间看，一级注册建筑师要考四天，也是职业资格考试中时间最长的。同样地，在社会上有广泛影响的注册会计师职业资格，其考试也有相当的难度，虽然注册会计师职业资格与会计专业硕士之间没有建立起正规的互通机制，但实际注册会计师考试中的参考人员主要都是会计专业硕士人员，通过并获得注册会计师资格的人员中专业硕士占比更高，而且这个趋势近年越来越明显。因此，在专业硕士培养与职业资格互通机制设计及实现路径上看，首要的是要对职业资格证书设置一定的门槛，使获取职业资格有一定的难度。

从另外一个角度看，参加有难度的职业资格考试的考生都选择参加考前补习，这样的考前补习，不论从形式还是过程来看，就是学校的学习模式。而且选择参加有难度的职业资格考试的考生都有一定基础，其对专业硕士培养与职业资格互通更赞同。有难度的职业资格考试对于主办或者主管方来说，通过与对应专业硕士的互通也能扩大影响、吸引更多人参与，进而提升职业资格整体水平和质量。当然，职业资格的取得有相当难度反过来说明了其含金量高，获取资格的人员会更加珍惜这样的机会，其也会获得社会的普遍认可和尊重。

6.3.3 互通的职业资格要有含金量

从注册建筑师与建筑学专业硕士互通实际看，注册建筑师职业资格在市场上含金量高是一个显著特点。这个含金量体现在两个方面：一是注册建筑师职业资格本身有技术水准，有较高的入门门槛；二是注册建筑师的职业资格在市场中能有较高的收入水平。技术门槛与考试难度一脉相承，而注册建筑师的收入高也是市场中的现实。一级注册建筑师资格获得者，如是不从事相关工作，挂靠在一些建筑设计、建筑施工、建筑监理单位，每月都能有一笔所谓的"挂靠费"，如果从事实际相关工作，一般是单位掌握"硬"技术的关键技术岗位，其收入待遇，职称职级都相关较高，也得到同行的认可和尊重。正是注册建筑师在就业市场中有诱人的职业前景，胜任相应的工作需要有较高专业技术水平，建筑学专业硕士与注册建筑师有较好的互通机制，因而参与建筑学专业硕士考试、学习的人数众多。人数众多则可以保证在实现专业硕士培养与职业资格互通的过程中平衡参与各方的利益，调动政府相关部门、行业协会、职业资格认证部门、培养院校、用人单位的积极性，互通机制易于良性循环。

6.4 专业硕士培养与职业资格互通机制总体设计

根据对注册建筑师与建筑学专业硕士互通模式的研究，遵循基本设计原则，笔者在此基础上设计出一套具有一定适用条件的专业硕士培养与职业资格互通机制，具体互通机制流程图见图11。

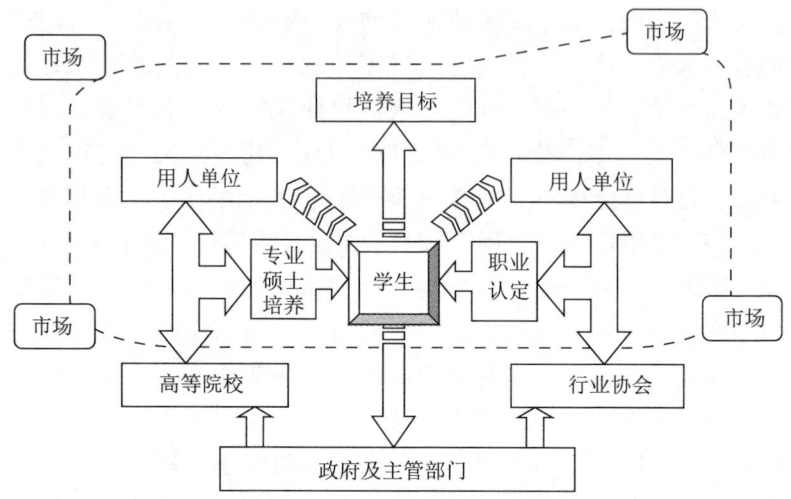

图 11　专业硕士培养与职业资格互通机制流程图

6.4.1 以行业协会为纽带形成专业硕士培养与职业资格互通

互通模式中要强化行业协会在专业硕士培养单位与职业资格认证部门之间的协调作用，加强与用人单位、行业协会的会员单位等的联系。一方面，行业协会要以行业的资深从业人士为主组成专门的评估委员会，负责对专业硕士学位以及专业学位培养点进行严格的认证审核。另一方面，行业协会要从用人单位那里获得专业硕士需要具备的专业的上岗能力要求、人才选择标准，由行业协会与高校就培养问题进行讨论研究，制定顺应行业发展、满足社会需要的人才培养方案，以实现专业硕士培养的最终目标。此外，当已有的职业资格结构和种类不再适应社会经济发展，就需要及时进行调整升级，使其能够更好地与新兴职业相衔接，保持动态变化。中国会计师协会就是典范，其全面推进了注册会计师职业资格认证、会计专业硕士

(MPAcc)培养的互通,更是推动了全国会计从业人员素质的普遍提高,使财务会计工作稳步发展。专业硕士培养高校与职业资格认证部门之间通过行业协会形成一个上下游相互影响的有机整体,行业协会是二者互通的实现路径。

6.4.2 以培养内容为核心形成专业硕士培养与职业资格互通

专业硕士培养与职业资格互通涉及专业硕士研究生教育的各个环节,从专业硕士的标准制定、人才培养方案、招生录取、课程教学、实践环节、毕业论文(设计)、就业执业、师资队伍等都可以在一定程度上进行互通的具体设计。其中,培养内容是专业硕士培养与职业资格能否有效互通的核心,也就是通过培养内容来丰富、充实专业硕士教育,达到提高专业硕士学生的综合能力,满足职业需求的导向作用。具体包括以下几方面:

第一,课程教学的内容需要与职业资格考试内容贯通。专业硕士的课程教学体系中涵盖了学位课和非学位课两大类,其中学位课又包括公共基础课、专业基础课;非学位课包括了公共选修课、专业选修课、素质教育课,以及跨专业报考学生的补休课程等,其内容十分丰富,涉及面很宽。站在与职业资格互通的角度看,现有的职业资格的考试科目中,全部都有专业相关基础理论和基础知识、专业知识的理解和综合应用的考试内容,对应的就是专业硕士培养方案中的专业基础课、专业选修课。因此,专业基础课、专业选修课应该与其对应的职业资格要求具备的知识结构相吻合。具体到某个专业硕士课程内容,有的内容是一门课程相互对应,有的内容是多门课程对应,比如注册会计师考试中的会计科目就与MPAcc的中级会计学、高级会计学、会计准则等课程的内容相互对应。

第二,实践环节的内容需要与职业资格的能力要求一致。一个专业硕士毕业生与具有职业资格的从业者相比较,在理论知识上专业硕士还略有优势,缺乏的就是实际的执业经验,所以各个高校都把实践环节作为专业硕士培养的重要一环。实践环节的内容更需要与职业资格的能力要求一致,当前,大多数专业硕士培养单位都是通过两种方式来完成,一是应用计算机模拟系统仿真出专业的工作场景和内容,学术在网络上完成;二是把专业硕士研究生分散到愿意接受实习的相关工作岗位上去,经过半年或者一年左右的时间实习。这两种方式都是比较可行的,但是缺乏对实践环节内容的充实,也没有从职业资格角度对其进行严格考核。从专业硕士培养质量看,实践环节必须进一步与职业资格全面互通,需要把高校的"官产学研用"等校企、政校、校校的合作模式都纳入互通机制的范畴,进一步拓宽实践环节的范围。同时需要各个高校结合自身学校的优势,结合所在区域、所属行业的特点,灵活多样的推动实践环节逼近职业资格的真实要求。

第三,毕业论文(设计)的内容要以行业发展为导向。毕业论文作为专业硕士毕业的标准之一具有指挥棒的作用,要形成专业硕士培养与职业资格互通的机制必须在毕业论文上做出相应的调整,主要是要改变专业硕士研究生以学术硕士论文标准要求的倾向。具体分析包括:一是毕业学位论文形式要多样化,根据专业特点和职业资格实际,可将研究报告、产品开发、可行性报告、规划设计、案例分析、管理方案、商业计划书、发明专利、文学艺术作品等都可以作为专业学位论文的主要内容,以论文形式表现。二是在专业学位论文评阅人和答辩委员会成员中,应有不少于三分之一的相关行业具有高级职称(或相当水平)的专家。现在专业硕士学位论文有学术硕士学位论文的倾向，一个主要的原因是对专业硕士学位论文的评阅评审主要是学术硕士的导师，其容易用学说的评判标准来评判专业硕士学位论文，因此，建议在学位论文的开题、中期检查、评阅、盲审、答辩中都需要加入一定数量的具备职业资格的行业从业人员，使得学位论文更具有专业硕士的特征。

当然，虽然在专业硕士培养内容与职业资格互通的设计中，强调培养内容的互通是核心，但并不是简单地用职业资格的考试内容代替专业硕士的相应课程。目前部分培养单位存在用职业资格考试科目直接作为专业硕士的课程的现象。这样的做法在短期内到达了提高专业硕士学生考取职业资格证书的比例的效果，从长期看不利于这个行业的可持续发展，专业硕士作为行业具有发展潜力的新生力量，具备相对完备的知识结构体系，在行业中既要能胜任日常的例行的业务工作，也要能对行业发展中出现的新现象、新业务、新问题进行创新的解决，进而推动行业的可持续发展。

6.4.3 以市场需求为导向形成专业硕士培养与职业资格互通

专业硕士是为了培养能够从事实际工作的高层次应用型专门人才。我国改革开放过程中提出要处理好政府和市场的关系，使市场在配置资源配置中起决定性作用，落实到专业硕士培养与职业资格互通的范畴，就是要以市场为导向形成二者的有效互通。

第一，专业硕士培养与职业资格互通要服务于市场需求，尤其是专门的专业的市场需求。专业硕士教育本身属于公共品，专业硕士的培养单位以高校为主，外加一些科研院所，其属于事业单位的范畴。在笔者设计的互通机制中，培养单位是连接政府部门和市场的纽带，见图11。但高校毕竟不同于企业，不是市场主体，因此高校在力图建立专业硕士培养与职业资格互通时,一定要摒弃非市场的做法,一定要以市场为导向。从某种意义上说,专业硕士培养与职业资格互通本身就是一种市场导向的可行方式。由于专业硕士人才既是某个领域的专门人才,又是相对而言的高层次人次,其对应的市场相对较小,比如据中国资产评估协会统计数据显示,截至2018年12月31日,全行业注册资产评估师人数累计36 232人,其为专业的市场服务时容易产生"小市场"的想法,进而远离以市场为导向的互通机制设计原则。

第二,专业硕士培养与职业资格互通的内容、形式的调整变化要以市场需求为导向。全国现有的40个专业硕士学位,累计共有4700家培养点,每个专业硕士培养点都有自己的人才培养方案。其人才培养方案首先是在专业硕士教育指导委员会的指导下制定下完成,同时结合培养单位的实际进行调整,突出自己的培养特色,尤其需要突出专业硕士培养与职业资格互通的具体做法。在其人才培养方案制定、周期性例行修订调整中一定要坚持以市场为导向,需要通过市场调查、深度访谈等形式对专业硕士毕业生、用人单位等对人才培养、专业硕士培养与职业资格互通的意见和建议,促使专业硕士培养不断贴近市场,做到专业硕士培养与职业资格有效互通,让专业硕士教育率先不断地真正面向市场。

第三,专业硕士的培养成果——研究生要面向市场。研究生是专业硕士培养与职业资格互通机制运行的核心,也是机制运行效果的检验标准。专业硕士与学术硕士的区别之一就是绝大多数专业硕士毕业后走向市场从事实际工作,只有个别专业硕士会考博或者从事研究工作等。专业硕士培养本身、专业硕士培养与职业资格互通、专业硕士的一切改革都需要围绕提高研究生培养质量,而培养质量则需要市场来检验,需要市场来验证。

第七章

专业硕士培养与职业资格互通机制的实践
——以重庆理工大学为例

7.1 重庆理工大学专业硕士培养概况

重庆理工大学于 2009 年获得工商管理硕士（MBA）专业授权点，2010 年获得会计专业硕士（MPAcc）、资产评估专业硕士（MV）、工程硕士（ME，包括车辆工程、机械工程、材料工程、仪器仪表工程、计算机工程、生物医药工程等六个专门领域）授权点。随即，学校成立了重庆理工大学 MBA 教育中心专门负责 MBA 的人才培养方案、实践基地、案例库、双师型教师培养等工作，并开始招生培养，而会计学院、经济金融学院则负责会计专业硕士、资产评估专业硕士的招生培养工作，重庆汽车学院、材料科学与工程学院、电子信息与自动化学院、计算机科学与工程学院、化学化工学院、药学与生物工程学院负责工程硕士招生培养工作。近 10 年来，学校专业硕士招生情况见表 15。

表 15　重庆理工大学 2010 年~2018 年专业硕士学位招生情况一览表

专业硕士点 / 年份	工商管理硕士 MBA	会计硕士 MPAcc	资产评估硕士 MV	工程硕士（ME 各专门领域）	合计
2010	24	——			24
2011	152	5	——	36	193
2012	75	87	10	123	295
2013	85	87	20	135	327
2014	41	189	2	84	316
2015	50	110	15	149	324
2016	25	111	19	193	348
2017	51	133	28	280	492
2018	134	142	34	408	718
合计	637	864	128	1408	3037

注：以上数据来自重庆理工大学官网，经笔者整理得出。

从表中可以看出，学校专业硕士的招生规模不断扩大，虽然由于 2014 年国家硕士研究生从过去的免费制度改革为收费制度，学校专业学位研究生的报考人数、参加考试人数、上线人数和最后的录取人数都出现了明显的下滑，但是经过政策调整期，后续年份专业硕士招生形势出现了明显的扩大和上升趋势。此外，学校专业硕士研究生在整个研究生教育的比例也逐步提高。可以说，重庆理工大学完全贯彻执行了教育部的有关规定。为了贯彻教育部对专业硕士的要求：以就业为导向，以专业知识为依托，以职业教育为重点，以解决实际问题为核心，培养符合社会发展需要的高层次应用型人才，重庆理工大学会计学院、经济金融学院分别与重庆市注册会计师协会、注册资产评估师协会就会计专业硕士培养与注册会计师执业资格、资产评估专业硕士与注册评估师职业资格之间如何衔接进行了专题研讨,对关于专业硕士人才培养与职业资格互通的实践基地提供、双师导师培养、毕业论文的适用性等方面出台了系列文件,并有具体的实施管理办法,在培养过程中落到实处,产生了一定的效果。

7.2 现有政策下资产评估专业硕士培养与职业资格互通的做法

7.2.1 资产评估专业硕士培养以市场为先导

我国的资产评估行业在改革开放和建设社会主义市场经济的过程中逐渐发展起来,并作为一个独立的专业化市场中介服务行业逐步得到了社会认可,对建立和完善资本市场,维护社会主义市场经济秩序起着不可或缺的作用。资产评估是一个以人为本的知识密集型行业,有明确的职业资格和从业方向与其对应。伴随着经济发展方式的转变和经济结构的调整,市场经济必然要求更多的物品成为可以交易的对象,原来本不是资产的物品也会成为资产,而完成资产化的过程。那么将会需要大量的资产评估从业人员,资产评估从业人员的专业能力和综合素质是行业健康发展的可靠保证,是提升行业水平的关键因素之一,它直接关系到资产评估执业质量和行业的社会公信力,从而对整个行业的生存与发展产生影响。重庆理工大学积极响应经济发展对资产评估专业人才的需求,以经济贸易学院牵头申请设立资产评估专业硕士学位点,并于2010年获批成为资产评估专业硕士授权点,成为全国首批65家资产评估专业硕士培养单位。获批后,学校根据我国对专业硕士的培养定位以及资产评估行业对专业人才的能力要求，制定了符合市场需求的专业人才培养计划，全面而又有针对性地设计课程体系，旨在培养符合市场经济发展、行业需要的高层次专业人才。

7.2.2 加强专业硕士培养单位与行业协会的互通关系

互通模式中强调要强化行业协会在专业硕士培养单位与职业资格认证部门之间的协调作用，加强与用人单位、行业协会的联系。重庆理工大学为了促进专业硕士培养与职业资格的互通，与重庆资产评估协会、重庆注册会计师协会保持密切的联系，邀请协会内专业人士及业界资深从业人员经常来校开展前沿系列讲座，分析行业发展现状及未来发展趋势，为学生介绍实务界先进评估理念及方法，让学生在还未走出校门的时候就能够了解当前业内最前沿的方法，拓展学生的思维，加深学生对理论知识的理解，同时也让学生对所学专业以及相应的职业资格形成清晰的认识。重庆理工大学还会通过注册资产评估师协会、注册会计师协会与业内事务所形成合作关系，为学生提供实践的机会，让学生可以将理论与实践相结合。根据行业协会反馈的意见，尤其是与注册资产评估师考试、注册评估师职业资格认定相结合的需要，并结合学校的学科基础、现有的师资力量，在资产评估专业硕士点开设了四个专业方向：金融资产评估、房地产资产评估、知识产权评估、机电设备评估。

7.2.3 专业硕士培养课程的制定以职业信息反馈为导向

专业硕士是培养目标实现的主要载体，处于互通机制的核心，其在成为具有职业资格的应用型人才的过程中，可以依据拥有职业资格的资深从业人员所反映的当前专业人才存在的突出问题，有针对性地开设相关课程，弥补学生在从业过程中存

第七章　专业硕士培养与职业资格互通机制的实践——以重庆理工大学为例

在的漏洞。专业硕士培养高校和职业认定单位，通过课堂教学、实习实践、工作过程、科学研究、模拟训练等方式帮助学生获取知识和能力。重庆理工大学在制定资产评估专业硕士培养课程时，重庆理工大学经济金融学院与重庆市注册资产评估师协会对资产评估专业硕士与注册资产评估师职业资格之间如何衔接进行了专题研讨，对职业系统理论的普及达成一致意见，并从实践基地提供、双导师培养、毕业论文的适用性、资产评估行业导师参与培养等落实了具体办法。与此同时，重庆理工大学学习了会计专业硕士全国教育指导委员会、资产评估专业硕士全国教育指导委员会关于核心课程制定、培养条件、毕业论文规格等的标准制定，尤其对是 MPAcc 与注册会计师职业资格、MV 与注册资产评估师之间如何互通进行了初步探索。行业协会专业人员以及业内资深从业人员普遍反映当前专业人才存在数据分析能力不强、理论基础扎实但实作能力较弱的问题。对此，在课程设置上，除了开设公共基础课及专业课程外，还开设了培养学生的数据分析能力、实务操作能力的相关课程，例如多元统计分析、SPSS 数据分析及行业应用、计量经济学、资产评估实务及案例分析等相应课程，让学生在学校就已具备基本从业能力，为今后的职业发展奠定坚实的基础。

7.2.4 专业硕士培养注重教学体系的创新

重庆理工大学在资产评估人才培养过程中注重教学方法的创新。资产评估是一门实践性很强的学科，有其自身的理论基础，需要深厚的经验积累。教师在教学过程中，不仅注重与行业前沿相结合，同时还注重培养学生的实践能力，不仅从理论角度出发，还从实践角度出发增强学生的实践动手能力，来不断适应资产评估新业务的发展，培养高级应用型人才。教师素质是影响资产评估人才培养的关键。重庆理工大学为了更好地贯彻资产评估专业硕士的培养方针政策，实现专业硕士的培养目标，在师资配置上采用双导师模式，由校内导师指导学生的理论知识，提高学生的专业素质，由校外导师指导学生的实践操作环节，提升学生的实践能力和应用能力。在教学上，借助会计学院雄厚强劲的师资力量，为资产评估专业的学生讲解财务、会计、税基等方面的课程，以强化资产评估专业硕士的会计财务知识。由管理学院研究土地房地产方向的老师教授土地估价、房地产估价方面的相关课程。合理利用全校的师资力量，让学生全方位地了解吸收不同领域的专业知识，扩充知识储备，增强自身软实力，为学生能在今后的工作中解决实际问题打下坚实的基础。

此处，还注重资产评估专业硕士教学中实践教学的创新。专业实践环节是专业硕士培养过程中重要的教学环节，高质量的专业实践是专业学位教育质量的重要保证。重庆理工大学在实践环节设定专业硕士实践教学时间原则上不少于 1 年，并通过与相关资产评估事务所、资产评估业务量相对较多企业的长期合作关系，相关企业积极协助学校对学生的专业能力的培养，为专业硕士提供实作锻炼的机会，让学生在实践中提升职业能力，同时也为专业硕士正式进入工作岗位前提供一个准备和适应的机会。

7.3 现有政策下会计专业硕士培养与职业资格互通的做法

7.3.1 聘请校外合作导师

重庆理工大学在获批成为专业学位研究生培养单位后，就组织开展了专业硕士人才培养的大讨论，其中在专业硕士与学

第七章 专业硕士培养与职业资格互通机制的实践——以重庆理工大学为例

术硕士如何差异化培养的问题上，达成共识的就是要聘请专业硕士对应行业的实际从业的专业技术人员参与到专业硕士培养环节中。具体办法之一就是要求各专业硕士点根据实际情况聘请一定数量的校外合作导师，为此还专门出台文件（见附录九）。率先聘请校外合作导师的是工商管理硕士（MBA）（见附录三）。重庆理工大学为了实现会计专业硕士的培养目标，对学生进行全方位的培养，将理论与实践有机结合，给会计专业硕士创造更好的实践机会，引进校外人士，担任重庆理工大学会计学院硕士研究生的校外合作导师，指导学生的实践环节。聘请的校外合作导师具有中国注册会计师、注册税务师、高级会计职称，且多为事务所合伙人、公司高级管理人员或税务局审计局人员（详见附录二），既有理论又有实践，经验丰富、技能过硬，同时具备学历高、实践经验丰富、懂教育科学的条件，形成一支以校内教师、校外合作导师相结合的高水平、高素质的"双师型"教师队伍。同时，会计学院聘请企业中有实践经验的技术专家作为兼职教师，定期到学院讲课，充实教师师资队伍，以保证研究生教育人才培养目标的实现。

7.3.2 开办 MPAcc 大讲堂专业讲座

重庆理工大学会计学院坚持以教学为中心、育人为根本的指导思想，积极探索教学、科研一体化的培养模式。强调知识、能力、素质的全面提升，尤其强调创新精神及实际工作能力的培养，为了使毕业生能够尽快适应各行业、企业的要求，经常邀请校外行业资深人士进行讲课（详见附录四），从 2012 年到 2018 年累计开办 MPAcc 大讲堂共 80 场次，平均每年 11 场次，按 1 年 10 个月计算，一个月均有一次讲座，频率是相当高。而讲座的内容覆盖面很广，既有怎么选题阅读文献，也有如何做一个合格会计人,更多的是行业会计主题内容而且是开办讲座时期的热点问题。从讲座人员看,绝大部分是 MPAcc 的校外合作导师,来自会计师事务所的具有注册会计师资格的一线业内高端专业人士,分享从业经验,分析行业的未来发展方向及职业要求。这不仅丰富了学生的专业素养,同时也让学生能够全面认识行业特点,为以后就业做好准备。

7.3.3 与注册会计师协会及税务机关建立长期合作关系

重庆理工大学凭借会计专业优势成为重庆市注册会计师考点之一,会计学院根据广大考生的需要,开办注册会计师考试培训班,对学生进行专业辅导及培训,协助学生完成注册会计师考试。会计学院还经常邀请注册会计师协会专业人员来校进行学术交流。重庆理工大学为了促进会计人才培养,推进重庆地税事业科学发展,充分发挥会计专业的资源和智力优势,与重庆市地方税务局签订了"重庆市地方税务局与重庆理工大学战略合作协议""重庆市地方税务局与重庆理工大学委托培养研究生合作协议"。支持重庆理工大学开展学生见习实习、教师挂职锻炼、参与实务教学等实务教育工作;支持重庆市地方税务局开展在职业务培训、在职学历教育、高层次人才培养等工作;双方在财税智库共建、科研资源共享平台共建、合作科研攻关等方面开展合作交流。战略合作关系的确立,为专业硕士的培养提供了更加丰富的资源和学习机会。

7.3.4 建立科研教学一体化机制

为了进一步提升会计专业硕士人才培养质量,保持人才培养的前沿性,会计专业硕士在科研教学上建立了常态的科研教学一体化机制。首先,会计专业硕士是依托会计学院重庆市首批

第七章 专业硕士培养与职业资格互通机制的实践——以重庆理工大学为例

特色专业、省部级重点学科、重庆市重点学科、重庆市教学团队、重庆市高等学校实验教学示范中心而开展人才培养。其次，会计专业硕士点依托重庆市财会研究与开发中心科研平台，重庆市财会研究与开发中心是以重庆理工大学会计学院为依托的科研平台，于2003年被重庆市人民政府批准为首批人文社科重点研究基地。截至2018年底，中心拥有重庆市学术技术带头人2名、重庆市中青年骨干教师5名，教授、副教授职称科研人员30余人，全部都是MPAcc的导师。重庆市财会开发中心以提高学术水平、服务经济为宗旨，走发展与创新之路，逐步形成产学研一体化，力争建成重庆市一流、国内有影响的高水平的财会研究基地，高级财会人员培训基地，财会学术交流基地，咨询服务基地以及财会领域的思想库与人才库。这个科研平台的建设过程，与会计专业硕士人才培养本身、会计专业硕士人才培养与职业资格互通等是相辅相成的。

7.4 现有政策下专业硕士培养与职业资格互通取得的初步成效

为了解重庆理工大学专业硕士培养与职业资格互通培养模式取得的成效，以重庆理工会计专业硕士和资产评估专业硕士为对象，从主观和客观两个方面来评判。笔者于2015年12月和2019年6月采取了面谈和电话询问相结合的方式进行访谈，历时接近30天，访谈对象包括400人，然后根据访谈结果整理数据并进行分析。

7.4.1 会计专业硕士培养取得的初步成效

重庆理工大学会计专业硕士是依托会计学院举办的一个专业

硕士点,由于会计专业是重庆理工大学的王牌专业之一,自会计专业硕士招生以来,报名人数直线上升。为了解会计专业硕士培养与职业资格互通的效果,笔者访谈了会计学院会计专业硕士2012级、2013级、2014级、2015级、2016级、2017级和2018级学生。其中2012级和2013级学生毕业离校时间较早,同时存在时间、空间等的限制,因此对这两部分数据整理时将其合并到一起。由于招生人数中有一部分为在职研究生,在职研究生在入学前可能已通过部分考试,因此在访谈中在职研究生未纳入访谈范畴。整体上看获得的数据基本能够反映重庆理工大学会计专业硕士培养与职业资格互通的情况,整理后的数据如下表16、表17所示。

表16 会计专业硕士研究生报考职业资格
通过情况统计表(截至2015年12月)

项目\级数	总人数	报考比率	报考人数	报考人数的通过比率(共6科,%)						
				0科	1科	2科	3科	4科	5科	6科
2012、2013	174	18.97%	33	75.76	6.06	6.06	0	0	3.03	9.09
2014	136	66.91%	91	57.14	26.37	12.09	2.20	0	1.09	1.09
2015	60	21.67%	13	76.92	15.38	7.69	0	0	0	0

注:数据来源于笔者调查整理,结果只包括全日制研究生,在职研究生不考虑在内。

表17 会计专业硕士研究生报考职业资格
通过情况统计表(2016年~2018年,截至2018年12月)

项目\级数	总人数	报考比率	报考人数	报考人数的通过比率(共6科,%)						
				0科	1科	2科	3科	4科	5科	6科
2016	136	72.06%	98	23.94	21.35	18.42	10.28	4.78	1.29	0

第七章 专业硕士培养与职业资格互通机制的实践——以重庆理工大学为例

续表

项目\级数	总人数	报考比率	报考人数	报考人数的通过比率（共6科,%）						
				0科	1科	2科	3科	4科	5科	6科
2017	153	69.93%	107	30.07	26.57	21.12	9.38	7.65	2.24	0
2018	163	74.23%	121	25.77	29.64	19.68	19.97	8.87	2.84	0

（报考人数通过比率是按学生人数统计的，与按科目统计有交叉重复）

第一，从整体来看，会计专业硕士的报考比例和通过比例总体趋势是在增加的，并且保持在一个较高的比例水平，反映了会计专业硕士对考取注册会计师职业资格的重视程度普遍很高。从调查中了解到，一部分已毕业学生有明确的继续报考注册会计师的意向。

第二，通过比较2012、2013级和2014级学生职业资格通过情况可以发现，虽然2014级报考比率大幅上升，取得注册会计师职业资格（通过6科）的比率却没有明显的提升，通过率只有1.09%，而已毕业学生的通过率达到9.09%，据访谈了解到大部分人是毕业以后通过的，他们反映在校期间会计专业硕士的科目设置和相关课程内容都与注册会计师考试高度相关，为注册会计师考试奠定了坚实的基础。全科通过的学生认为学校职业资格与专业资格互通的培养模式让他们受益匪浅，此举应该继续实施。

第三，通过0科的比例居高不下，在已毕业、新生和培养了一段时间的学生中，通过0科的比率都是最高的。在访谈过程中了解到，通过0科的人有一大部分是报考了注册会计师考试，但是并未参加考试，结果显然通过不了。同时有的学生虽然参加了考试，考前却没有进行系统的复习，抱着试试看的心态参加考试，导致通过率持续偏低。但是在进一步的了解中发现，若学校不进行相关职业资格互通的培养，报考注册会计师的意愿会大大降低。

以上从客观方面反映了会计专业硕士通过注册会计师职业资格的情况，但仅凭通过率不能反映其与从事相关职业的关联性，因此笔者在访谈过程中进行了深入的了解，以上是从整体来考察重庆理工大学的会计专业硕士培养与职业资格互通的效果，在访谈过程中课题组发现一些MPAcc的同学的回答很有典型性，现择录如下：

李元东同学（男，2012级，导师：傅樵副教授）：

第一次访谈（2016年年底）：本科专业就是会计，学校所学课程与注册会计师考试关联度很高，对通过注会作用很大，为提升自己的专业能力考取了注会，之后读了在职研究生，现在公司从事财务相关的工作，注会对拓宽知识面、提供解决问题的思路都很有帮助。

第二次访谈（2018年年底）：在工作期间考取了一级建造师，成为第五期重庆市会计领军人才。对硕士课程最大的感受是：通过硕士课程的学习和培养，对专业的帮助和提升很大，对自信心的提升、视野思维的拓展形成助力。专业硕士培养与职业资格是两个方向，专业硕士培养没必要与职业资格趋同或互通，专业硕士培养需要更加全面并且拓展深度，这样会对职业资格形成帮助。

黄菊同学（女，2013级，导师：彭启发教授）：

第一次访谈（2016年年底）：本科专业是国际经济与贸易，本科毕业之后进入天健会计师事务所工作，觉得工作需要便考取了注册会计师，注会对工作上的帮助很大。之后晋升需要读在职研究生，现从事银行贷款方面的工作，与注册会计师的关联度适中，但是在财务报表分析方面作用很大。

第二次访谈（2019年7月中旬）：在硕士毕业后通过了高级会计师考试。认为硕士课程对于职业资格还是有一定的帮助，但是不同职业资格考试的重点不一样，可能硕士课程只是一个大的方向。希望取得专业硕士学位能够免考几门相关的职业资格。

蒋刚同学（男，2018级，导师：黎明教授）：

第一次访谈（2019年7月中旬）：在研究生期间通过注册会计师考试和注册税务师考试。目前从事税务稽查工作。研究生课程可以扩展眼界，一些课程与职业资格考试直接相关，对实践工作能够在理论上加以升华，提高对专业问题思考深度，特别是对疑难、前瞻性问题能够有更深的思考。专业硕士培养与职业资格互通可以避免重复学习，提高学习效率，很有必要进行。

7.4.2 资产评估专业硕士培养取得的初步成效

2014年国家出台了《国务院关于取消和调整一批行政审批项目等事项的决定》，其中包括了资产评估专业硕士常考的职业资格——注册土地估价师、注册资产评估师。虽然资产评估对应的职业资格包括资产评估师、中国房地产估价师、土地估价师，由于不同职业资格报考条件严苛程度不同，2014年之前在校学生报考注册土地估价师的偏多，2014年之后学生倾向报考资产评估师。本书将调查结果整理如表18、表19所示。

表 18　资产评估专业硕士研究生报考职业资格
通过情况统计表（注册土地估价师）

项目 级数	总人数	报考比率	报考人数	报考人数的通过比率（共5科）					
				0科	1科	2科	3科	4科	5科
2012	10	100%	10	0	0	0	0	30%	70%
2013	20	70%	14	7.145%	0	14.29%	7.14%	7.14%	64.29%

注：数据来源于笔者调查整理。

表 19　资产评估专业硕士研究生报考职业资格
通过情况统计表（资产评估师）

项目 级数	总人数	报考比率	报考人数	报考人数的通过比率（共4科）				
				0科	1科	2科	3科	4科
2014	2	50%	1	0	0	0	0	100%
2015	15	27%	4	0	0	25%	25%	50%
2016	17	59%	10	0	10%	10%	20%	60%

注：数据来源于笔者调查整理。

针对注册土地估价师，首先，从整体来看，取得注册土地估价师职业资格证（通过5科）的人数占多数，分别为70%和64.29%，表明注册土地估价师考试难易程度适中，通过率比较高。调查发现同学们一般认为取得注册土地估价师职业资格对从事相关工作有利，受到学院开展相关系列讲座的影响，加强了同学们对理论与实践知识的融会贯通，职业资格互通的培养模式对通过考试有帮助。其次，相关政策的出台对职业资格互通有较大的影响。通过比较2012级和2013级的对应数据发现，2012级注册土地估价师通过情况整体优于2013级。2013级考试通过情况中，通过0科的比率达到了7.145%，同时还存在只通

第七章 专业硕士培养与职业资格互通机制的实践——以重庆理工大学为例

过了2科和3科的情况，而2012级通过情况只有通过4科和全通过（5科）两种。

针对注册资产评估师，由于2014级招生人数只有两名，样本量太小，故对2015和2016级报考及通过情况展开分析。2016级相比2015级，报考比率明显上升，通过4科取得注册资产评估师的人数也有增加，说明注册资产评估师在资产评估专业硕士中逐步受到重视，经过深入调查发现，不少学生表示学校开设的课程与注册资产评估师资格考试关联程度高，提升了同学们参加注册资产评估师考试的动力。

同时，考虑到职业资格互通的核心是培养应用型人才，提高专业硕士人才竞争力，为反映专业硕士学生对相关职业资格的主观看法，以所学课程与职业资格关联性和从事工作与职业资格关联性两个方面为主体，对部分同学进行了深度访谈。

以下是2012级研究生的访谈记录整理：

吴斯同学（女，2012级，导师：唐德祥教授）：

第一次访谈（2016年底）：研究生期间通过了注册土地估价师考试，认为研究生期间课程设置和此职业资格考试高度相关，课程涵盖面比较广，老师的讲授具有一定的指导意义，对通过考试帮助很大。现在保险公司从事信贷保险审核工作，虽然此工作表面看起来与资产评估不太相关，但是通过职业资格考试学到的知识对工作有潜移默化的影响。

第二次访谈（2019年8月）：研究生毕业以后没有再参加其他的职业资格考试。在校期间所学课程搭建了相对完整的知识理论体系，对职业资格考试提供了理论支撑，也为实务操作提供了基本思路，但是在实际工作当中仍需要多学科交叉作用，例如财务、会计、法律等以及数据库、相关模型的作用，同时还有项目经验的积累。

陈美荣同学（女，2014 级，导师：邱冬阳教授）：

第一次访谈（2019 年 8 月）：目前从事资产评估、房地产估价相关工作。由于资产评估考试改革前有具备工作经验这一硬性要求，在研究生期间没有参加职业资格考试，在工作期间考取了资产评估师和房地产估价师。认为资产评估师考试改革有非常重要的意义，尤其是对于广大在校学生而言，虽然取消了行业准入，作为行业水平资格职称，若想毕业后从事资产评估类工作，取得资产评估师职业资格必不可少。关于专业硕士培养与职业资格互通，认为硕士阶段的课程设计需要考虑与职业资格进行衔接。我是 2017 年毕业那年参加的资产评估师考试，一次性通过了全部科目，很大一部分功劳在于硕士期间课程设计与资产评估师考试衔接很高，因此考试学习起来比较轻松。目前资产评估考试免试条件还仅限于取得高级职称或者注册会计师，资产评估专业副教授以上，建议未来可以适当放宽免试条件，比如资产评估专业硕士毕业可以实现部分资产评估职业资格部分科目的免试，这样将更有利于行业吸纳年轻人才。

江瑞同学（女，2015 级，导师：彭欢教授）：

第一次访谈（2019 年 8 月）：研究生毕业后从事的是资产评估行业。研究生所学课程比较浅，如果要参加职业资格考试，需要自学的部分很多。如果要进入资产评估行业，学校课程对于进入行业前的知识积累设置得不够充分，并且在实操方面比较欠缺。关于专业硕士培养与职业资格互通，还是不能简单地学分互认或者课程免修，这样会造成学生一味地追求考证，可能真正的课堂都不会认真听老师讲课，这样我觉得课堂教学就

第七章 专业硕士培养与职业资格互通机制的实践——以重庆理工大学为例

没有任何意义了。

  综上所述，从主观和客观两个方面来看，重庆理工大学会计专业硕士、资产评估专业硕士培养与职业资格互通已初见成效，基本达到了预期的目的。但是由于笔者时间精力有限，跟踪时间比较短，还需要通过后续研究综合评估其效果。

第八章

专业硕士培养与职业资格互通机制的评判

8.1 基于模糊综合评判的专业硕士培养互通质量评估体系的设计

现如今,我国专业硕士领域已经进入高速发展时期,全日制专业硕士研究生数量快速增长,为了解决专业硕士研究生教育发展过程中的问题,进一步实现专业硕士教育的飞跃,建立一套由高等教育机构内部保障与外部中介机构保障相结合的专业硕士培养与职业资格互通质量认证体系的呼声越来越高。

8.1.1 指标体系设计

本章试图借鉴英国、澳大利亚等国家对于专业硕士培养与职业资格互通的经典做法,例如英国政府允许职业技术教育与普通的学科教育之间互相转学,从根本上改变社会鄙视职业教育的传统观念,搭建了学术教育和职业教育之间互通的桥梁。澳大利亚模式中将中等教育、普通高等教育和职业教育有机地结合起来,形成三方互通的流动机制,以及我国当前已有的互通做法。基于互通机制的设计路线,从行业协会、培养内容、市场需求三个维度进行指标体系的设计,具体划分为互通水平、资源互通、导师力量、实践课程互通、需求互通5个指标,为了更好地说明以上5个一级指标,在一级指标之下设立了16个二级指标,具体指标体系见下表。

表20 全日制专业硕士培养与职业资格互通质量评价指标体系

一级指标（Ui）	二级指标（Uii）	权重	评价等级				
			优	良	中	及	差
U1 互通水平	U11 高校与行业协会联系程度						
	U12 培养内容与职业资格的统一						
	U13 专业学位与职业资格考试的互通						
	U14 获得相应职业资格证书学生比例						
U2 校内外资源互通	U21 合作企业对学校的投入						
	U22 签订合作协议的企业数量						
	U23 实践基地的数量						
U3 师资互通	U31 校内导师数量及职称结构						
	U32 校外导师数量及职称结构						
	U33 导师与学生的师生比						
U4 实践课程互通	U41 实践课程学分数						
	U42 实践学分占总学分的比例						
	U43 学生的实践时间						

续表

一级指标（Ui）	二级指标（Uii）	权重	评价等级				
			优	良	中	及	差
U5 需求互通	U51 专业学位与具体职业的相关性						
	U52 从事相应职业的学生比例						
	U53 企业需求人数与求职人数比例						

8.1.2 指标体系解释及赋值

考虑到专业硕士培养与职业资格互通过程中涉及的相关部门及行业组织，专业硕士培养内容与职业资格的相关性以及社会对专业硕士的市场需求，结合当前互通的具体做法，从全日制专业学位硕士明确职业对应性、偏重实践性等特点，从指标数据的易得性、模糊综合评价模型可操作性的角度出发，将互通水平、校内外资源互通、师资互通、课程互通、需求互通5个指标作为专业硕士培养互通质量的评价要素：

由于全国专业硕士点有40个，涉及12个学科大类，领域广泛，每个专业硕士点与其对应的职业资格之间客观上衔接程度有一定的差异，也各有特色，同时，专业硕士培养单位虽然以高校为主，但也涉及科研院所等其他单位，而且分布范围涵盖全国所有省、自治区、直辖市，培养单位所在区域和城市不同，其互通的条件和资源也有很大的差异。因此，互通评判的二级指标的合理、客观、科学赋值有相当大的难度，考虑到本书的模糊综合评判是侧重理论研究，是一种积极的探索，并不代表官方的评判标准，因此，在指标赋值中采用绝对赋值、相对赋值与专家打分量化赋值等方法。如果专业硕士培养单位的总体规模、特色方向、教学资源等有显著差异,可以对此进行同比例的放大或者缩小。

1. 互通水平

建立专业硕士培养与职业资格互通机制,加强专业与职业的衔接是新时代专业学位教育与职业教育的诉求。专业硕士培养与职业资格互通质量直接影响互通的效果,影响专业硕士的未来发展,对此,为了反映高校的实际互通水平,将互通质量作为指标体系的重要评价要素。互通质量的评价包括高校与行业协会联系程度、教学内容与职业资格的统一、专业学位与职业资格考试的互通、获得职业资格证书的比例4个二级指标。

(1) 高校与行业协会联系程度

互通模式中要强化行业协会在专业硕士培养单位与职业资格认证部门之间的协调作用,加强与用人单位、行业协会的会员等的联系。行业协会可以从用人单位那里获得专业硕士能够具备的专业的上岗能力要求、人才选择标准,由行业协会与高校就培养问题进行讨论研究,制定顺应行业发展、满足社会需要的人才培养方案,以实现专业硕士培养的最终目标。此外,当已有的职业资格结构和种类不再适应社会经济发展,就需要及时进行调整升级,使其能够更好地与新兴职业相衔接,保持动态变化。中国会计师协会就是典范,其全面推进了注册会计师职业资格认证、会计专业硕士(MPAcc)培养的互通,更是推动了全国会计从业人员素质的普遍提高,使财务会计工作稳步发展。专业硕士培养高校与职业资格之间通过行业协会形成一个上下游相互影响的有机整体,行业协会是二者互通的实现路径。对于该指标的评价可以由校内研究生管理部门的主要负责人根据在专业硕士研究生的培养过程中与行业协会在培养内容、培养方式、实践合作以及专业交流等方面的实际协作情况进行综合定级。

(2) 教学内容与职业资格的统一

专业硕士培养与职业资格都是针对国民经济和社会发展的某个领域、某个环节、某个工种而言的，有共同的内容和统一的标准。不论是国家主管部门、专业硕士培养高校、职业主管部门、行业协会或是具体的用人单位、专业硕士学生均可以在共同内容下统一起来。专业硕士学生是培养目标实现的主要载体，处于互通机制的核心，其在成为具有职业资格的应用型人才的过程中，可以依据统一的培养内容在专业硕士培养高校和职业认定单位，通过课堂教学、实习实践、工作过程、科学研究、模拟训练等方式获取知识和能力。对于该指标的定级可以由校内专家和行业协会专业人士、已毕业专业硕士学生共同商讨，从课堂教学、实习实践、工作过程、科学研究、模拟训练等角度进行综合定级。

(3) 专业学位与职业资格考试的互通

目前，专业硕士培养与职业资格互通的形式主要有：招生、课程、实践以及学位授予体系的全方位衔接；职业资格和专业学位研究生互为报考条件；职业资格考试部分科目免考；以行业认证为基础，减免考试或缩短实践时间。无论是双向认可还是单向豁免，都反映了职业资格证书制度对专业学位教育的认可，也反映了职业资格证书对专业学位教育的重要性，为专业硕士培养与职业资格互通创造了良好的环境。在进行指标定级时，可以参考以下标准：当免试科目大于等于2时，当免试科目占比大于1/4时，评为优；当免试科目等于1时，评为良；当免试科目为0，但存在其他相关考试互通政策时评为中；当不存在任何考试互通政策，但专业课程内容与考试科目内容存在一定相关性时可评为及格；当不存在任何考试互通政策，专业课程内容与考试科目内容相关性较弱时可评为差。

（4）获得职业资格证书的比例

现有建筑学、会计学等专业硕士与职业资格互通良好的原因之一就是市场中有明确的职业，例如注册会计师、一级建筑师、建造师、工程师等。职业资格证书是职业的证明文件，反映持证者的专业技能和未来可就业方向。高校内获得相关职业资格证书的人数比例反映了高等教育与职业教育的互通、专业与可就业方向的互通。在进行指标定级时，可以参考以下标准（见表21）。

表21　获得职业资格证书的比例评级参考表

	优	良	中	及	差
获证学生占学生总数的比例（%）	80~100	50~80	30~50	10~30	0~10

2. 校内外资源互通

校企合作是指高校与企业建立的一种合作模式，共同培养人才，其目标不仅是学校依靠企业解决校外实习、建立实训基地等，而是整合学校与企业的资源，以市场和社会需求为导向，培养应用型人才。在这个过程中，学校和企业设立包括合作发展规划、合作课程开发、师资培训、合作理论研究、招生就业、教学实习在内的人才培养运行机制。实践教学是全日制专业硕士研究生培养的核心环节，因此抓好专业实践环节的评估，掌握学生实践状态，对高校夯实专业实践基础具有重要意义。

（1）企业投入

企业将技术难点通过外包或校企合作的形式进行技术攻关。对企业来说，可以以相对较低的成本掌握丰富的智力资源和数据资源以解决公司的技术问题；对高校来说，一方面为学生提供了学习机会，一方面为技术团队进行技术研发提供了资金支持，解决了高校内部办学经费不足、科研经费难以支撑技术研发的问题。通过建立实践基地，为学生提供了一个学习实际工作经验、提高应用能力的平台，为企业建立了一个外部实验室解决技术难题，实现了学校与企业的资源共享，从而形成校企互通的双赢局面。对于该指标的定级，可由相关负责人根据企业对高校在资金、设备、技术、人力上的投入情况进行综合评定。

（2）签订合作协议的企业数量

高校依托行业和企业，通过与高新技术集中、体现经济发展增长点的企业的结合，取得行业、企业的支持，确保基地训练内容和方向满足行业和企业的需要，并具有一定前瞻性。通过与企业建立长期合作关系，达成一定数量的合作协议，为学生创造了连续的实践学习机会。具体评价标准见表22。

表22 签订合作协议的企业数量评级参考表

	优	良	中	及	差
签订合作协议的企业数量（个）	100以上	75~100	50~75	25~50	0~25

（3）校外实践基地的数量

校外实践基地是高校充分利用企业生产与经营的软硬件资源，按照职业岗位和专业要求，设置的包括专项实验室、综合实训室、模拟实训中心、实习车间等在内的实践场地。实践基地要模拟与生产、建设、管理、服务第一线尽可能一致的"职业环境"，在高度仿真的企业环境中进行职业技能训练与职业素质的培养，使研究生掌握的知识和技能与市场需求紧密结合。

研究生在实践中获取的实用技术和应用能力,是平时在课堂上学不到的。因此,高校必须积极与行业、企业形成密切的产学研联合培养体系,建立稳定的校外实践基地。具体评价标准见表23。

表23 校外实践基地的数量参考标准

	优	良	中	及	差
校外实践基地的数量(个)	100以上	75~100	50~75	25~50	0~25

全日制专业硕士学位研究生培养的一大突出特点就是校企合作办学,合作办学水平的高低也对专业硕士培养与职业资格互通水平产生影响。由企业投入、签订合作协议的企业数量、校外实践基地的数量3个指标构成校内外资源互通的二级指标,均为正项指标,即指标值越高,校企联合办学的优势就越明显,专业硕士培养与职业资格的联系越紧密。

3. 师资互通

高水平、多元化的导师队伍是高质量专业硕士培养的重要保证。专业硕士与学术硕士在培养目标、课程设置、教学理念、培养模式、质量标准等方面存在差异,对导师也提出了更高的要求。但是目前,高校中专业硕士导师多数还是学术研究生导师兼任的,在培养过程中,也对专业硕士提出了与学术硕士相近的要求。要更好地发展专业学位硕士研究生教育,必须建立一支实力过硬、结构合理的导师队伍。

师资互通的评价主要包括校内导师数量及职称结构、校外导师数量及职称结构、导师与学生的师生比3个二级指标。其中,校外导师数量的多少可以体现专业硕士培养与职业资格在导师力量方面的互通程度,校外导师数量越多,能够从职业方面对学生进行详细的指导,提高培养质量;校内外导师职称结构中,具有高级职称的导师比例越大,导师资质越高,会更有利于全日制专业学位硕士研究生的培养,具体评判标准见表24。

表24 师资互通评判标准

	优	良	中	及格	差
校内导师结构(%)	教授及以上职称比例≥80	50≤教授及以上职称比例<80	30≤教授及以上职称比例<50	10≤教授及以上职称比例<30	0≤教授及以上职称比例<10
校外导师结构(%)	高级职称及以上比例≥80	50≤高级职称及以上比例<80	30≤高级职称及以上比例<50	10≤高级职称及以上比例<30	0≤高级职称及以上比例<10
师生比(%)	100	50	33	25	<25

4. 实践课程互通

(1) 实践课程学分

实践课程学分说明了实践教学和案例教学在培养方案中的学分比重。实践课程学分越高,说明学校越重视培养研究生在实际工作中解决问题的能力。目前,大多数专业学位硕士研究生培养方案中,实践学分仅占总学分的1/4左右,难以引起学生对于实践能力提高的重视。因此,要适当地加大实践课程培养方案中的学分比重,某些"职业性"强的专业,如旅游管理硕士、警务硕士,其实践学分应提升到总学分的一半。在教学内容方面要强调理论性与应用性课程的有机结合,充分突出案例分析和实践研究,培养学生研究实际问题的意识和能力,增长实际工作经验。具体评判标准见表25。

第八章 专业硕士培养与职业资格互通机制的评判

表 25 实践课程学分评判标准

	优	良	中	及格	差
实践课程学分（分）	17~20	13~16	9~12	5~8	0~4

（2）实践学分占总学分的比例

当前专业硕士培养计划学分体系中，依旧是以课程学分为主，实践学分所占的比重较小，难以突出专业硕士侧重实践应用能力培养的特点。实践课程学分和实践学分占总学分的比例这两个指标反映的是高校对于学生实践能力培养的重视程度。一般来说，指标值越大，说明学校的教学目标越倾向于培养专业学位研究生的实践性，具体评判标准见表26。

表 26 实践学分占总学分比例评判标准

	优	良	中	及格	差
实践学分占总学分比例（%）	≥50	35~50	20~35	5~20	0~5

（3）学生的实践时间

实践内容包括校内实践和校外实践。校内实践能为专业学位研究生实践能力的培养、职业素养的养成发挥一定的作用，但由于是高校内完成且教学性质较多，与真正的行业、专业、工作岗位等情况还有一定的距离。校外实践是由学校与企业、研究机构等单位建立的产、学、研一体化的综合性校外实习基地。校外实践是目前专业硕士教育中必不可少的一个环节，在培养专业实践综合技能、解决实际工作问题、了解与职业发展相关知识等方面发挥着重要的作用。一般全日制专业学位研究生的实践时间不少于6个月。在评价实践时间指标时，指标值越大,说明学校对专业学位硕士研究生实践能力的培养越重视,具体评判标准见表27。

表27 学生的实践时间评判标准

	优	良	中	及格	差
学生的实践时间(月)	≥18	12~18	6~12	3~6	0~3

5. 需求互通

现有建筑学、会计学等专业硕士与职业资格互通良好的原因之一就是市场中有明确的职业,并且市场需求量较大。机制设计中充分考虑市场需求的导向作用,除政府及主管部门及代表政府的行业协会、高校以外,其余的均属于市场范畴,按照市场规律来开展专业硕士人才培养。一种情况是专业硕士的专业没有职业资格对应,或者对应职业资格不够明确,就难以确定其他参与方,更无从谈起专业硕士培养与职业资格互通。另一种情况是一个专业硕士对应多个职业资格,也难以实现互通。故在需求互通一级指标下设立专业学位与具体职业的相关性、从事相应职业的学生比例、企业需求人数与求职人数比例3个二级指标。专业学位与具体职业的相关性的评判可根据专业与具体职业的对应程度进行评级。从事相应职业的学生比例与相关企业来校招聘学生比例的具体评判标准见表28。

表28 从事相应职业比例与企业需求人数与求职人数比例评判标准

	优	良	中	及格	差
从事相应职业学生比例(%)	≥80	50~80	30~50	15~30	0~15

续表

	优	良	中	及格	差
企业需求人数与求职人数比例（%）	≥70	50~70	30~50	10~30	0~10

8.1.3 指标体系权重的确定

指标权重的确定对评价结果有很大的影响。目前采用的主要方法有综合指数法、AHP法、模糊评价法。本次研究采用成熟的 AHP 法。AHP 法不仅适用于存在不确定性和主观信息的情况，还允许以合乎逻辑的方式运用经验、洞察力和直觉，能够比较准确地衡量评价指标的相对重要性，将定性和定量分析有机结合起来；既能够充分体现评价因素和评价过程的模糊性，又尽量减少个人主观臆断所带来的弊端，比一般的评比打分等方法更符合客观实际。

1. AHP 法的理论介绍

AHP 法（The Analytical Hierarchy Process）是由美国著名学者托马斯·萨蒂于20世纪70年代提出的用于决策和规划的新方法，它能综合进行定量与定性分析，能够对事物进行系统、综合、简便、准确的评价与分析。AHP 法在对事物进行决策分析时，能对定性定量的问题进行综合处理，得出明确的定量化的结论。这与一贯所运用的专家评议法确定权重的方法相比较，能够把定性的事物量化，以科学、严谨方法得出结果，避免了主观上的偏差。而且对于专业硕士培养资格这一涉及多方面、多指标的研究来说，AHP 法显得更为适用。在本研究中运用的是分层 AHP 法。这是在指标较多的情况下，将指标分为一级指标和二级指标 2 个层次，在得出一级指标权重的基础上，计算二级指标的权重,将 2 个层次的指标权重相乘,得出最终的指标权重。

(1) 资料的搜集

本研究遵循简易性、独立性、可操作性的原则。评价体系中指标的确定是在已有的相关研究的基础上,结合当前专业硕士培养的现状和存在的突出问题,添加了部分指标,最终构建了本研究的指标体系。在数据的取得方面,主要按照一级指标和二级指标分为两层,设计调查问卷,由相关专业人士填写调查问卷,由于专家之间水平相当,所以给予各专家的不同结果相同权重,即求平均数得到最后结果。最终判断矩阵见表。

(2) 递阶层次结构的建立

应用 AHP 分析决策问题时,首先要把问题条理化、层次化,构造出一个有层次的结构模型。在这个模型下,复杂问题被分解为若干元素,这些元素又按其属性及关系形成若干层次,上一层次的元素作为准则对下一层次有关元素起支配作用。

(3) 判断矩阵的建立

判断矩阵表示本层次元素与上一层次有关元素之间相对重要性的比较。用于两两比较的判断矩阵是 AHP 法的基础,也是进行相对重要度计算的重要依据。通过两两比较,可以得出高一级层次的某元素对低一级层次相关元素的相对重要性。这种比较结果可以通过引入适当的标度来表示,即用数值直观表达出来,并写成判断矩阵。

表29 标度及其含义

1	A1 与 A2 同等重要
3	A1 比 A2 重要一些
5	A1 比 A2 明显重要

续表

1	A1 与 A2 同等重要
7	A1 比 A2 重要得多
9	A1 比 A2 极端重要
2,4,6,8	介乎于相邻奇数之间的情况
倒数	若 A1/A2 = a_{ij},则 A2/A1 = 1/a_{ij}

注：A1 表示高一级层次的某元素；A2 表示低一级层次的相关元素。

(4) 权重的计算

建立判断矩阵后，就可以利用"和积法"计算出各矩阵的最大特征根λ及其对应的特征向量ω，从而求出各个元素的权重值；并用 CR = CI/RI 进行一致性检验，CI 为一致性指标，RI 为判断矩阵的平均随机一致性指标，CR 为一致性比例。计算步骤如下：

① 对矩阵 A 的每一列向量进行归一化，得到

$$\overline{\omega}_{ij} = a_{ij} / \sum_{i=1}^{n} a_{ij}, \ j = 1, 2, \cdots, n;$$

② 对 $\overline{\omega}_{ij}$ 按行求和，得到

$$\overline{\omega}_{ij} = \sum_{j=1}^{n} \overline{\omega}_{ij}, \ i = 1, 2, \cdots, n;$$

③ 对 $\overline{\omega}_i$ 归一化，得到

$$\omega_i = \overline{\omega}_i / \sum_{j=1}^{n} \overline{\omega}_i,$$

则

$$w = (w_1, w_2, \cdots, w_n)^T$$

即为所求的特征向量（也就是各个元素的权重值）；

④ 计算判断矩阵 A 的最大特征根λ，即

$$\lambda = \frac{1}{n}\sum_{i=1}^{n}\left[\frac{(Aw)_i}{w_i}\right];$$

⑤对判断矩阵进行一致性检验，先计算 CI，即

$$CI = (\lambda-n)/(n-1),$$

再计算 CR，即

$$CR = CI/RI,$$

式中 RI 由大量试验给出。

表30　AHP 法的平均随机一致性指标值

n	1	2	3	4	5	6	7	8	9	10	11	12
RI	0.00	0.00	0.52	0.89	1.12	1.26	1.36	1.41	1.46	1.49	1.52	1.54

当 CR<0.10 时，则认为判断矩阵的一致性是可以接受的，否则应对判断矩阵进行适当修改。

2. AHP 法的应用

根据以上选定的评价要素和评价方法，并邀请重庆大学建筑学专业硕士相关教授、重庆理工大学 MPAcc、MV 相关教授、重庆工商大学 MPAcc、MBA 资深教授，西南大学法学学者及教授等20位专业人士进行评价打分，通过统计分析确定评价要素的权重，进而建立评价体系。具体步骤如下：

（1）一级指标权重

专业硕士培养资格评价要素包括互通水平、校内外资源互通、师资互通、课程互通、需求互通。根据比较标准得到各要素的比较矩阵（详见表31至表36）。

第八章 专业硕士培养与职业资格互通机制的评判

表31 各评价要素的比较标准

评价要素	互通水平	校内外资源互通	师资互通	课程互通	需求互通
互通水平	1	3	4	6	7
校内外资源互通	1/3	1	4	5	6
师资互通	1/4	1/4	1	3	4
课程互通	1/6	1/5	1/3	1	3
需求互通	1/7	1/6	1/4	1/3	1

表32 互通水平指标相对重要性

评判因素		U11	U12	U13	U14
高校与行业协会联系程度	U11	1	2	4	5
培养内容与职业资格的统一	U12	1/2	1	3	4
专业学位与职业资格考试的互通	U13	1/4	1/3	1	2
获得相应职业资格证书学生比例	U14	1/5	1/4	1/2	1

表33 校内外资源互通指标相对重要性

评判因素		U21	U22	U23
合作企业对学校的投入	U21	1	1/5	1/4
签订合作协议的企业数量	U22	5	1	2
实践基地的数量	U23	4	1/2	1

表34 师资互通指标相对重要性

评判因素		U31	U32	U33
校内导师数量及职称结构	U31	1	1	3
校外导师数量及职称结构	U32	1	1	3
导师与学生的师生比	U33	1/3	1/3	1

表35 课程互通指标相对重要性

评判因素		U41	U42	U43
实践课程学分数	U41	1	3	5
实践学分占总学分的比例	U42	1/3	1	4
学生的实践时间	U43	1/5	1/4	1

表36 需求互通指标相对重要性

评判因素		U51	U52	U53
专业学位与具体职业的相关性	U51	1	1/4	1/3
从事相应职业的学生比例	U52	4	1	2
企业需求人数与求职人数比例	U53	3	1/2	1

注：以上数据通过邀请重庆大学建筑学专业硕士相关教授，重庆理工大学 MPAcc、MV 相关教授，重庆工商大学 MPAcc、MBA 资深教授，西南大学法学学者及教授等 20 位专业人士进行评价打分，经笔者统计整理得出。

根据比较矩阵计算权重。按权重计算的步骤，先对比较矩阵每一列向量进行归一化，并对 $\overline{\omega}_{ij}$ 按行求和得到 $\overline{\omega}_i$，i=1, 2, …, 5。再对 $\overline{\omega}_i$ 进行归一化，得到的 w_i 即为各要素权重。

第八章 专业硕士培养与职业资格互通机制的评判

表37 各评价要素的权重

评价要素	互通水平	校内外资源互通	师资互通	课程互通	需求互通
权重 w_i	0.4640	0.2844	0.1353	0.0748	0.0414

计算最大特征根，得 $\lambda = 5.3415$。

对得到的判断矩阵进行一致性检验。得到 $CR = CI/RI = 0.0762 < 0.1$，可知此矩阵具有满意的一致性，即各要素的权重可以满足评价的要求。

（2）二级指标权重

为了能够详细地反映影响专业硕士培养的因素，本文在研究过程中采用二级指标，在一级指标的基础上进行细化，对一级指标进行详细说明，从而综合反映影响专业硕士培养的重要因子。互通水平下的二级指标包括高校与行业协会联系程度、培养内容与职业资格的统一、专业学位与职业资格考试的互通、获得职业资格证书的学生比例；校内外资源互通下二级指标包括合作企业对学校的投入、签订合作协议的企业数量，实践基地的数量；师资互通下的二级指标包括校内导师数量及职称结构、校外导师数量及职称结构、导师与学生师生比；课程互通下的二级指标包括实践课程学分、实践时间、实践学分占总学分的比例；需求互通下的二级指标包括专业学位与具体职业的相关性、从事相应职业的学生比例，相关企业来校招聘学生数量。

互通水平二级指标权重：

$U11 = 0.49$　$U12 = 0.30$　$U13 = 0.13$　$U14 = 0.08$；

$\lambda_{max} = 4.0484$；$CI = 0.0161$；$RI = 0.89$；$CR = 0.0181 < 0.1$，所得权数无逻辑错误。

校内外资源互通二级指标权重：

U31=0.62　U32=0.28　U33=0.10；

λ_{max} = 3.0833；CI = 0.0417；RI = 0.52；CR = 0.0800 < 0.1，所得权数无逻辑错误。

师资互通二级指标权重：

U21=0.43　U22=0.43　U23=0.14；

λ_{max} = 2.9933；CI = −0.0034；RI = 0.52；CR = −0.0064 < 0.1，所得权数无逻辑错误。

课程互通二级指标权重：

U41=0.10　U42=0.57　U43=0.33；

λ_{max} = 3.0246；CI = 0.0123；RI = 0.52；CR = 0.0237 < 0.1，所得权数无逻辑错误。

需求互通二级指标权重：

U51=0.12　U52=0.56　U53=0.32；

λ_{max} = 3.0183；CI = 0.0092；RI = 0.52；CR = 0.0176 < 0.1，所得权数无逻辑错误。

（3）层次总排序及其一致性检验

计算某一层次所有因素对于最高层（总目标）相对重要性的权值，称为层次总排序。A 层 m 个因素 $A_1, A_2, \ldots, A_m$，对总目标 Z 的排序为 $a_1, a_2, \ldots, a_m$；B 层 n 个因素对上层 A 中因素为 A_j 的层次单排序 $b_{1j}, b_{2j}, \ldots, b_{nj}(j = 1, 2, \ldots, m)$。

则层次总排序的一致性比率为：

$$CR = \frac{a_1 CI_1 + a_2 CI_2 + \ldots + a_m CI_m}{a_1 RI_1 + a_2 RI_2 + \ldots + a_m RI_m} = \frac{(0.4640 \times 0.0161 + 0.2844 \times (-0.0033) + 0.1353 \times 0.0417 + 0.0748 \times 0.0123}{(0.4640 \times 0.89 + 0.2844 \times 0.52 + 0.1353 \times 0.52 + 0.0748 \times 0.52}$$

$$\frac{+\ 0.0414 \times 0.0092}{+\ 0.0414 \times 0.52} = 0.0195 < 0.1$$

说明层次总排序通过了一致性检验，层次总排序具有满意的一致性。

将各二级指标权重乘以相应的一级指标权重，得到的就是各指标的最终权重。(详见表38)。

表38　全日制专业硕士培养互通质量评价指标体系

一级指标（Ui）	二级指标（Uii）	权重
U1 互通水平 （0.4640）	U11 高校与行业协会联系程度	0.48
	U12 培养内容与职业资格的统一	0.31
	U13 专业学位与职业资格考试的互通	0.13
	U14 获得相应职业资格证书学生比例	0.08
U2 校内外资源互通 （0.2844）	U21 合作企业对学校的投入	0.62
	U22 签订合作协议的企业数量	0.28
	U23 实践基地的数量	0.10
U3 师资互通 （0.1353）	U31 校内导师数量及职称结构	0.43
	U32 校外导师数量及职称结构	0.43
	U33 导师与学生的师生比	0.14
U4 课程互通 （0.0748）	U41 实践课程学分数	0.10
	U42 实践学分占总学分的比例	0.57
	U43 学生的实践时间	0.33
U5 需求互通 （0.0414）	U51 专业学位与具体职业的相关性	0.12
	U52 从事相应职业的学生比例	0.56
	U53 企业需求人数与求职人数比例	0.32

8.2 模糊综合评判体系的应用
——以重庆理工大学 2014 年 MV 为例

通过前面的研究,该评价指标体系的权重已通过 AHP 层次分析法确定,并通过 CR 检验,故在此基础上建立模糊矩阵,对重庆理工大学资产评估专业硕士进行综合评价,根据评估结果判断专业硕士培养高校的综合能力。评估结果还可以指导专业硕士培养高校以后的教学,改进和完善存在的不足。下表为全日制专业硕士培养条件评价指标体系,一级指标及二级指标的权重已确定,接下来在此基础上,根据重庆理工大学的实际情况建立模糊矩阵,进而对其进行综合评价,确定最大隶属度值所在的等级,从而得出最终的结果。

表 39 全日制专业硕士培养互通质量评价指标体系

一级指标(U_i)	二级指标(U_{ii})	权重	评价等级				
			优	良	中	及格	差
U1 互通水平 (0.4640)	U11 高校与行业协会联系程度	0.48					
	U12 培养内容与职业资格的统一	0.31					
	U13 专业学位与职业资格考试的互通	0.13					
	U14 获得相应职业资格证书学生比例	0.08					
U2 校内外资源互通 (0.2844)	U21 合作企业对学校的投入	0.62					
	U22 签订合作协议的企业数量	0.28					

续表

一级指标（Ui）	二级指标（Uii）	权重	评价等级				
			优	良	中	及格	差
	U23 实践基地的数量	0.10					
U3 师资互通（0.1353）	U31 校内导师数量及职称结构	0.43					
	U32 校外导师数量及职称结构	0.43					
	U33 导师与学生的师生比	0.14					
U4 课程互通（0.0748）	U41 实践课程学分数	0.10					
	U42 实践学分占总学分的比例	0.57					
	U43 学生的实践时间	0.33					
U5 需求互通（0.0414）	U51 专业学位与具体职业的相关性	0.12					
	U52 从事相应职业的学生比例	0.56					
	U53 企业需求人数与求职人数比例	0.32					

根据上述评价体系模糊模型的基本思路，将其运用到重庆理工大学资产评估专业硕士学位的评估之中。U 由 U1、U2、U3、U4、U5 这 5 个因素组成，权重 A =（0.4640、0.2844、0.1353、0.0748、0.0414）根据模型 $B_i = W_i \cdot R_i$，$i = 1, 2, 3, 4, 5$，为了方便分析计算，本评价案例的评判集分为优、良、中、及格、差 5 个等级，对照评价表，评定 16 项二级指标。

8.2.1 建立模糊评价矩阵

由所有评价指标分属于各评价等级的隶属度值可构成模糊

评价矩阵 R，相关数据通过邀请校内数位导师评价打分，经笔者整理得出。根据该校专业硕士培养的实际情况进行评价，对数据进行归一化处理后，得到的模糊评价矩阵为：

$$R_1 = \begin{pmatrix} 0.10 & 0.20 & 0.50 & 0.20 & 0 \\ 0.20 & 0.30 & 0.40 & 0.10 & 0 \\ 0.10 & 0.20 & 0.30 & 0.30 & 0.10 \\ 0.10 & 0.30 & 0.40 & 0.20 & 0 \end{pmatrix}$$

$$R_2 = \begin{pmatrix} 0.10 & 0.20 & 0.35 & 0.25 & 0.10 \\ 0.20 & 0.25 & 0.40 & 0.15 & 0 \\ 0.10 & 0.20 & 0.35 & 0.25 & 0.10 \end{pmatrix}$$

$$R_3 = \begin{pmatrix} 0.10 & 0.20 & 0.40 & 0.30 & 0 \\ 0 & 0.10 & 0.30 & 0.40 & 0.20 \\ 0.20 & 0.20 & 0.40 & 0.10 & 0.10 \end{pmatrix}$$

$$R_4 = \begin{pmatrix} 0.20 & 0.20 & 0.40 & 0.10 & 0.10 \\ 0.10 & 0.20 & 0.40 & 0.15 & 0.15 \\ 0.10 & 0.40 & 0.20 & 0.20 & 0.10 \end{pmatrix}$$

$$R_5 = \begin{pmatrix} 0.10 & 0.20 & 0.35 & 0.25 & 0.10 \\ 0.20 & 0.20 & 0.35 & 0.25 & 0 \\ 0.20 & 0.30 & 0.50 & 0 & 0 \end{pmatrix}$$

8.2.2 模糊综合评判

由各指标的权重向量 A 和模糊评价矩阵 B 可构造全日制专业硕士培养条件的模糊评价矩阵 B_i：

$B_1 = W_1 \times R_1 = [0.131 \quad 0.239 \quad 0.435 \quad 0.182 \quad 0.013]$

$B_2 = W_2 \times R_2 = [0.128 \quad 0.214 \quad 0.364 \quad 0.222 \quad 0.072]$

$B_3 = W_3 \times R_3 = [0.071 \quad 0.157 \quad 0.357 \quad 0.315 \quad 0.100]$

$B_4 = W_4 \times R_4 = [0.110 \quad 0.266 \quad 0.334 \quad 0.162 \quad 0.129]$

$B_5 = W_5 \times R_5 = [0.188 \quad 0.232 \quad 0.398 \quad 0.170 \quad 0.012]$

将上述评判向量作为第一层的模糊评判矩阵，则第二级模糊综合评判矩阵 A 为

$A = W \times B_i = [0.1225 \quad 0.2212 \quad 0.3949 \quad 0.2103 \quad 0.0504]$

8.2.3 综合评判结果

根据隶属度最大值的原则，最大值为 0.3949，其所属的等级为中，说明该校的全日制专业硕士培养与职业资格互通程度有待进一步加强，尤其在与行业协会的关联度、校外导师力量、校企合作方面比较薄弱，学校在后期专业硕士培养上应将此作为强化重点。

8.3 模糊综合评判追踪应用
——以重庆理工大学 2018 年 MV 为例

在对重庆理工大学资产评估专业硕士点 2014 年与注册资产评估师的互通进行模糊综合评价后，笔者结合工作对资产评估专业硕士点在互通机制的落实和改革做法进行了持续 4 年的跟踪观察与研究，再修订本书时对此进行梳理和总结、并应用 2018 年的数据再进行了一次模糊综合评价。

8.3.1 资产评估专业硕士培养与职业资格互通的新做法

重庆理工大学资产评估专业硕士点依托所在的经济贸易学院，遵循专业硕士培养与职业资格互通的理念，通过修订人才培养方案，尤其是适当增加了与职业资格衔接互通的部分课程（见附录五），资产评估专业硕士点与重庆市注册资产评估师协会建立了常态联系，邀请注册资产评估师协会秘书长、会员单

位业务技术骨干参与人才培养方案的修订，吸纳职业资格元素进入专业硕士培养环节。在 2014 年总结的特征为：资产评估专业硕士培养与职业资格互通坚持以市场为先导，加强与行业协会的互通关系，培养课程的制定以职业信息反馈为导向，注重教学体系的创新等基础上。期间资产评估专业硕士点又进一步在双师师资队伍建设、学术训练与学科竞赛、实习基地建设上有一些新的做法。

第一，进一步壮大双导师师资队伍。资产评估专业硕士点与学校其他专业硕士点一样，持续全面加强双师师资队伍，主要做法有：邀请重庆天健资产评估土地估价有限公司等重庆注册资产评估师协会会员单位的业务骨干作为校外合作导师，合作导师参与指导毕业论文的选题、开题、中期检查、毕业答辩的全过程。同时，邀请资产评估事务所的一线的经验丰富的注册资产评估师给专业硕士直接上课，上课形式灵活多样，有的课程是校内老师上理论与校外老师上实务的结合，有的课程是校外实务老师集中讲解，部分课堂直接到评估业务现场上。校外导师给专业硕士上课的方式，比原有校外导师单纯做个讲座的形式更有效，在实践运作中有这样那样的难度，但研究生们普遍反映收获很大，共同上一门课的校内老师与校外老师也相互有明显的收获。

第二，充实实践基地建设。实践环节在资产评估专业硕士的人才培养方案中有明确的规定，如果是应届考生需要 1 年 2 个学期的实习时间，有工作经历的考生需要半年 1 个学期的实习时间。早期的实际操作是由学生自己去找实习单位，或者由校内导师推荐，满足了实践时间的要求，但实习比较松散。在笔者跟踪期间，资产评估专业硕士点借助于重庆市注册资产评估师协会的力量，与协会下属 11 家资产评估事务所、会计师事务所、房地产评估公司共建了基于专业硕士培养与职业资格互通的实践基地。实践基地选派一定数量的业务能力强的注册资产评估师到专业硕士点任校外老师,要在 1 年内接受一定数量的专业硕士研究生的实习,鼓励实践基地与专业硕士点联合举办业务研讨会,共同申报科研项目,开发资产评估的新方法等。从近几届学生反馈的情况看,在互通机制下的有组织的实习效果很好,研究生的满意度很高。从校企融合角度看,实践基地与专业硕士点建立多层次、多形式、多领域的校企合作关系,共享专业人才和学术成果,在校外导师、智库建设、专题研究、推广渠道等方面建立健全的合作机制,实现优势互补,资源共享,使合作项目更加务实高效,真正促进校企双方互惠双赢,共同发展。

第三,夯实学术训练及学科竞赛。虽然专业硕士培养与职业资格互通的机制设计中强调的是与实际行业需求和业务深度融合,但研究生也不能没有基本的科研素养。资产评估专业硕士点秉承这一理念,通过参与学科竞赛等形式夯实学术训练。在跟踪观察期间,专业硕士点积极鼓励研究生参加学术交流,与学术硕士一起参加"弘毅讲坛""经金论道"等平台为研究生举办学术讲座 50 余场,其中邀请校外专家为研究生举办学术讲座 30 余场。但是,作为专业硕士特有的学术训练,每年组织学生参加全国高校资产评估专业研究生竞赛、"挑战杯"全国大学生课外学术科技作品竞赛、大学生创新创业大赛、重庆市研究生创新实践大赛、学校"开拓杯"和研究生学术活动月等丰富多彩、形式多样的学术活动,对研究生进行广泛的学术训练。经过不断地以赛代训,取得了一定的成效,先后有多名研究生在第二届、第三届全国高校资产评估专业研究生竞赛获得优秀奖,在第一届"中和杯"全国资产评估专业学位研究生案例大赛中荣获三等奖。

8.3.2 模糊综合再评判——以 2018 年 MV 为例

经过一段实践的建设和发展后,笔者再次运用模糊综合评判方法对重庆理工大学资产评估专业硕士进行追踪综合评价,根据评估结果判断专业硕士培养高校的综合能力的变化。由于全日制资产评估专业学位硕士培养条件评价指标体系,一级指标及二级指标的权重与 2014 年完全一样,不做任何调整。追踪评价只需要在此基础上,根据重庆理工大学的实际情况建立模糊矩阵,进而对其进行综合评价,确定最大隶属度值所在的等级,从而得出最终的结果。

根据前文评价体系模糊模型的基本思路,权重矩阵 A 和评判集不变。

由所有评价指标分属于各评价等级的隶属度值可构成模糊评价矩阵 R,相关数据通过邀请十名校内数位导师评价打分,经作者整理得出,需要说明的是,2018 年打分的十名专家与 2014 年有一定的变化。根据该校专业硕士培养的实际情况进行评价后,对数据进行归一化处理后,得到的权重判断矩阵为:

$$R_1 = \begin{pmatrix} 0.45 & 0.45 & 0.10 & 0 & 0 \\ 0.30 & 0.40 & 0.20 & 0.10 & 0 \\ 0.35 & 0.15 & 0.35 & 0.10 & 0.05 \\ 0.15 & 0.25 & 0.35 & 0.15 & 0.10 \end{pmatrix}$$

$$R_2 = \begin{pmatrix} 0.05 & 0.20 & 0.50 & 0.15 & 0.10 \\ 0.30 & 0.35 & 0.20 & 0.15 & 0 \\ 0.45 & 0.20 & 0.25 & 0 & 0 \end{pmatrix}$$

$$R_3 = \begin{pmatrix} 0.50 & 0.35 & 0.05 & 0.10 & 0 \\ 0.30 & 0.45 & 0.10 & 0.15 & 0 \\ 0.50 & 0.25 & 0.15 & 0.10 & 0 \end{pmatrix}$$

第八章 专业硕士培养与职业资格互通机制的评判

$$R_4 = \begin{pmatrix} 0.20 & 0.50 & 0.25 & 0.050 & 0 \\ 0.30 & 0.55 & 0.10 & 0.05 & 0 \\ 0.35 & 0.55 & 0 & 0.10 & 0 \end{pmatrix}$$

$$R_5 = \begin{pmatrix} 0.15 & 0.50 & 0 & 0.35 & 0 \\ 0.05 & 0.30 & 0.40 & 0.15 & 0.10 \\ 0.35 & 0.40 & 0.15 & 0.05 & 0.05 \end{pmatrix}$$

由各指标的权重向量 A 和模糊评价矩阵 B 可构造全日制专业硕士培养条件模糊评价矩阵 B_i：

[0.3665　0.3795　0.1835　0.0560　0.0145]
[0.1600　0.2420　0.3910　0.1450　0.0620]
[0.4140　0.3790　0.0855　0.12150]
[0.3065　0.5450　0.0820　0.06650]
[0.1580　0.3560　0.2720　0.14200]

将上述评判向量作为第一层的模糊评判矩阵，则第二级模糊综合评判矩阵 A 为

A = [0.301　0.350　0.226　0.095　0.028]

根据隶属度最大值的原则，最大值为 0.350，其所属的等级为良。

8.4 2014 年~2018 年 MV 互通获得相应职业资格证书学生比例情况对比分析

经过追踪调查，发现重庆理工大学在全日制专业硕士培养与职业资格互通程度上有一定程度的提升，评价等级由中上升为良。针对 2014 年评判出的与行业协会的关联度、校外导师力量、校企合作方面比较薄弱等问题，本次结果显示，改善效果最明显的是校外导师力量、校内导师数量及职称结构以及导师

与学生的师生比进步突出。其次，在课程互通和专业学位与具体职业的相关性方面也有适当的改善。2018年显示出学校在日后新的着力方向：提高获得相应职业资格证书学生比例和从事相应职业的学生比例。

第九章

专业硕士培养与职业资格互通机制的对策建议

9.1 实现互通机制的政策建议

9.1.1 强化行业协会与专业学位教育指导委员会的参与协调作用

专业学位教育与职业资格认证隶属两类不同的管理体系。一直以来,职业资格证书一直是由劳动、人事等政府部门或相关行业协会分管,专业学位教育的学历学位证书由国务院学位委员会、教育部等部门分管,这两个体系相互独立,执行不同的人才培养方式和认证标准。专业硕士培养与职业资格认证的互通在管理制度层面缺乏统一的管理机构或部门。要想实现专业硕士培养与职业资格互通,应首先明确各自的管理范围和对象。在此基础上,政府组织相关部门实行统一领导和协调,为两者的互通助力,并将工作重心放到政策条文等制度层面的顶层设计和建设上来。其次要特别强化行业协会或专业学位教育指导委员会在两类管理体系之间的协调参与作用,突出行业协会在职业资格认证制度中的管理执行功能,增加行业协会成员在各专业学位教育指导委员会中的比重，充分重视并有效发挥教育指导委员会在专业学位教育管理中的决策参考作用，行业协会也需要吸纳高校、专业学位教育指导委员会委员。

9.1.2 扩大专业学位授予类型，顺应任职资格发展的需要

由于专业学位的发展对于丰富高层次应用人才类型，增强学位结构的社会适应性，促进知识经济产业的成长，推动国家经济产业发展转型，提升社会现代化水平具有重要作用，因而它在现代高等教育体系中的重要作用近年来逐步得到社会的认同。专业学位的设置，反映了国家对相关行业的前景的预测和社会对该类人才的需求水平。2010年，国务院学位委员会审议通过了19种新增专业学位类别便是国家应对社会快速发展对高层次人才需求旺盛的直接反映，这也是专业学位审批制度实施以来审批通过最多的一次。尽管如此，面对我们如此庞大的职业资格体系，现存40种专业学位远不能满足职业资格认证体系中对知识水平和职业技能有较高要求的职业领域的需求。要想实现专业硕士与职业资格的进一步互通，专业硕士需要不断增加学位授予种类，或者在同一学科类别中增加，细分专业学位，扩大高层次专业人才的培养规模，逐步实现教育与行业的互通、学位与职业的互通。

9.1.3 加大国家职业标准的开发力度

人力资源和社会保障部门要加大国家职业标准开发力度，通过对机关、行业协会、用人单位、高校及从业人员进行意见征集和调研，对征集的信息进行筛选、整理，组织专门小组进行论证审核，做好各行业的职业标准开发工作，确保职业资格与专业硕士的专业有明确的对应。一种情况是，随着我国第三

产业的发展壮大，对服务业、新兴行业人才的需求日益增强，而传统产业由于产能过剩、高能耗、高污染等问题而逐步收紧，导致对传统职业的需求不断下降，有的甚至在消失。传统的职业需要转岗再就业，必须加大国家对新兴行业职业的开发力度，避免由于缺乏相应的职业资格使得相关从业人员数量明显不足。另一种情况是，由于社会分工的细化，国家职业划分需要更加细化，以便更好地适应社会经济的发展。

9.1.4 探索建立专业硕士培养与职业资格的互通机制

探索课程及考试科目的免试和互认机制可以参考英国模式和澳大利亚模式，将中等教育、普通高等教育和职业教育有机结合起来，形成三方互通的流动机制。实现专业硕士培养与职业资格的互通，重点在于推动二者在课程设计和课程内容方面的呼应和部分考试科目的免试。第一，对于一些内容相近甚至重复的课程，专业硕士培养单位可根据职业资格考试内容进行相应的设置或免试。第二，缩短职业资格考试要求的实践年限，促进就业准入机制的发展。相关职业资格考试的实践年限过长，限制了专业硕士培养与职业资格的互通。为了解决这一阻碍，可以探索专业硕士教育与职业资格互为报考条件或缩短职业资格考试实践年限等方面的机制建设。相关的设置方案，可以参照建筑学专业硕士。建筑学专业硕士与国家建筑注册制度实现了一定程度的互通，具体表现为在注册建筑师考试资格的审核中，根据申请者所获得的不同学位，提出了不同的建筑设计实务经历的要求。比如在 2010 年的全国一级注册建筑师考试资格审核中，建筑学或建筑设计专业本科及以上的考生中，建筑学硕士或以上毕业的考生，从事建筑设计的最低年限为 2 年；建筑学学士，最低年限为 3 年；5 年制工学学士或毕业的考生，最低年限为 5 年；4 年制工学学士或毕业的考生，最低年限为 7 年。类似地，对于一些专业化程度较高的职业，也应将专业学位作为获得相关职业资格的前提。

9.2 互通机制运行的保障激励措施

9.2.1 积极发挥政府在互通机制中的重要作用

专业硕士教育与职业资格认证分属两个不同的管理体系，各自执行一套人才培养方式和认证标准，要想将没有直接联系的两者有机结合在一起，政府部门要加强统一领导和协调，积极推动两者的互通。同时，强化行业协会在两种管理体系之间的协调参与作用，增加行业协会成员在各专业学位教育指导委员会中的比重，鼓励职业资格认证部门、用人单位、培养高校积极参与，为互通机制的顺利运行创造良好的制度环境。

9.2.2 加大劳动和社会保障部的参与力度

在国家宏观政策、产业政策以及行业未来发展趋势的影响下，职业也显现出相应的特点。随着第三产业的不断发展壮大，对服务业、新兴行业人才的需求日益增强，相反传统产业由于产能过剩、高能耗、高污染等问题而呈现出紧缩的局面，导致传统职业在逐渐减少，有的甚至在不断消失。那些已经下岗或即将下岗的传统技术工人需要转岗再就业，而在新兴行业中由于缺乏相应的职业资格，使得相关从业人员数量明显不足。对此，可以参照韩国模式，一方面劳动和社会保障部要加大国家职业标准开发力度，通过对机关、行业协会、用人单位、学校及个人进行意见征集，由鉴定中心对征集的信息进行筛选、整理，并组织专门小组进行论证审核，情况特殊的还需组织专门小组进行现场调研,做好各行业的职业标准开发工作。另一方面,培养适应新的就业岗位的人。许多劳动者失去了过去的工作,需要转换到新的职业和岗位上;许多新的职业和岗位缺乏合格的劳动者,急切需要寻找具有新的知识和技能的人。这种结构性失业的难题,可以通过加强教育培训、完善职业资格制度来解决。

9.2.3 提高专业硕士培养院校的"硬件"和"软件"实力

为了使课程设置与职业资格相衔接,可以将职业资格考核内容纳入到专业课程中。在师资力量上,除了校内导师的理论指导外,还会引入校外导师,辅导学生的校外实践,聘请校外行业资深人士授课,传授学生实践经验,提高学生的实际应用能力,让学生能够更好地适应从业岗位,为高校毕业生的就业率和学校影响力提供质的保障。在校企合作方面,通过与企业建立战略合作关系,让校内师生参与企业的技术攻关,实现理论与实践的统一、科学技术与实际生产力的统一。

9.2.4 加大相关部门利益补偿

对职业资格认证部门来说,将职业资格考核内容纳入专业学位的教学课程之中,将会造成许多职业资格培训机构利益的流失,为了能够让职业资格认证部门积极参与,职业资格考试的主管单位(以下简称"委托方")委托有关单位组织实施时,可以由职业资格相关部门(以下简称"受托方")组织实施,根据委托方与受托方依法签订的书面委托协议,明确双方在费用支付方面的权责,从而在不影响相关利益的情况下,使互通机制能够顺利运行。对于积极参与互通机制并且培养效果明显的学校,教育部门及相关部门对这类院校在评级评优、办学点的申请等方面优先考虑,在招生规模的扩大、招生计划的调整、平台升级等方面给予一定的支持。为了让校外专业人士能够积极参与专业硕士的培养,企业针对以上员工可以给予精神与物质上的奖励,在晋升制度上,同等条件下,对于以上员工可优先考虑。

9.3 互通机制具体做法的对策建议

9.3.1 加强师资队伍建设和多渠道筹措办学经费

教师是实现教学目的的最直接因素。办学特色、教学计划、教学大纲都是由老师"操刀"完成的。师资队伍的因素是首要的。随着高校内部管理体制改革的不断推进,构建一支高质量的教师队伍已成为高校共同关注的方向,为此,高校纷纷采取切实有效的措施和建立有力的激励机制。第一,吸纳高学历、高水平、高层次的教师,提升教师队伍的质量。吸纳的"优质"教师需要具备以下几点特质:实践经验丰富、专业水平过硬、创新能力突出。这样的教师队伍更有利于培养实用型的专业人才。第二,加强教师内部管理机制的建设,促使他们提高工作效率,激励他们发挥潜能。在师资的培养过程中,既要提高教师的专业知识,又要注意横向知识的拓展;为教师提供多渠道的进修、学习的机会,并通过资质深厚的教师传、帮、带作用,实现对青年教师的培养。鼓励年轻教师利用空余时间完善知识结构,提高业务水平,对提高学历学位、积极进取的教师进行奖励。要积极为学术水平高、学术造诣深的专家和学者创造条件,鼓励他们通过著书立说和学术交流等形式,进行学术研究,充分发挥他们的学科带头人作用。

另外,大学经费投入不足是各高校在发展过程中普遍面临的问题。世界高等教育发展的历史经验证明，建设一流大学没有充足的经费投入是不行的。但是，单靠政府财政投入办学经费是不可能根本解决问题的，尤其是近期。从国外大学经验看来，多渠道筹措办学经费是很多大学生存和发展的必然，如企业、校友捐助等。高校不是生产单位，不能直接创造物质财富，但是可以因培养出合格人才而得到社会的回报。

9.3.2 设立校内导师与职业资格的互通通道

目前，具有专业硕士学位授权点的高校，教师任职资格的学历门槛都是博士，从学校毕业到学校工作，缺乏行业实践的历练。虽然其能够胜任学术硕士导师，但是针对专业硕士的师资力量，大部分高校的做法是从学术硕士导师演变为专业硕士导师，存在在院校从事理论教学的一线教师主要进行学术研究，实践经验很少，并且专业性较差，不能很好适应专业性要求很强的专业硕士教学需要的现象。对此，可以鼓励年轻的教师或导师考取对应专业的资格证书，比如经济学博士的教师们可以根据需要考取注册资产评估师、注册税务师、注册金融分析师；会计学博士的教师们可以考取注册会计师；从事建筑学教学科研的教师可以考取注册建筑师；法律专业的教师们则可以考取法律执业资格证书等。通过考取资格证书来提升理论水平，并参加职业资格管理机构举办的继续教育培训，以了解行业的实时动态和发展趋势，还可以积极参加行业实践过程以提升实践能力。同样鼓励校外教师考取相关专业学位，向其提供专业的教学指导，免费开放专业课程以及提供相关学位咨询服务。还可以由第三方行业协会、学会搭建各个培养单位之间以及培养单位与评估实务界之间互动交流的平台，增强联系，加强交流与沟通，为校内专业硕士师资与行业专业人士打开学习交流的双向通道，为实现专业硕士培养与职业资格互通创造了良好的教学环境。

9.3.3 加强校内资源与校外资源的优势互补

对此，在积极倡导双导师制度的前提下，为了提高专业硕士的实践能力，要加大学校与企业的合作力度，吸引来自不同学科领域有丰富经验的专家、企业家、工程技术人员、行业专业人士参与到教学过程中来，课程内容可以是案例分析、实务操作等，教学方式可以灵活多变，可采用在校学习、企业交流等形式。资产评估涉及的领域比较广泛，特别是机电设备、建筑物等专门资产评估，现有的校内师资力量很难达到教学要求，因为学校缺乏熟悉资产评估与机电设备的教师。例如，企业在进行内部专业培训时，可以邀请部分在校学生一同参加，给学生一个与从业人员交流学习的机会。校外专业人员在实务方面具有丰富的经验和从业技巧，但在专业理论方面相对薄弱，对此，学校欢迎广大从业人员来校听课学习，与学生一起学习相关理论知识，共同学习，共同发展。

9.3.4 产学研一体化

我国对于全日制专业学位硕士研究生培养的目标定位是培养具备特定社会职业所要求的专业能力和素养，具备从业的基本条件，能够运用专业理论从事专业工作并解决实际问题的专业应用型人才。也就是说，专业硕士教育更突出职业特点，在不放弃以学术取向为重要考核标准的同时，增加市场取向对专业硕士教育的调控，使专业硕士不仅具有扎实的专业理论知识，同时也能适应实际工作的需要。针对专业硕士突出的职业特点，应对专业硕士因材施教，加强实践环节的培养力度，创造实践教学的学习环境,建立多种形式的校企联合实践基地,形成完善的研究生实践能力培养体系。企业可以将技术难点通过外包或校企合作的形式进行技术攻关。对企业来说,可以以相对较低的成本掌握丰富的智力资源和数据资源来解决公司的技术问题;对高校来说,一方面为学生提供了学习机会,另一方面为技术团队进行技术研发提供资金支持,解决高校内部办学经费不足、科研经费难以支撑技术研发的问题。通过建立实践基地,为学生提供了一个学习实际工作经验、提高应用能力的平台,为企业建立了一个外部实验室解决技术难题,实现了学校与企业的资源共享,从而形成校企互通的双赢局面。

9.3.5 建立专业硕士案例库,实现云共享

不论是专业硕士或是学术硕士的教学,教学目标的实现需要丰富的教学资源作为支撑,教材、讲义、实验手册、教授的手稿等都是经典的教学资料,也是教学资源中最重要的组成部分。而对于专业硕士教学而言,在教材、讲义教学资料的基础上需要更多实践方面的资料,毕竟实践教学环节受到这样那样的限制,解决的一个途径就是近年来兴起的案例教学与研究提供了大量的案例资料。为了方便随时获取需要的教学资料,无论是国内案例还是外文文献教材,有必要建立一个专门的案例库。当今社会是一个数字信息时代,谁拥有最丰富的信息资源,谁就走在了时代的前列。那么教学同样也需要掌握及时、丰富的教学案例,对此,学校可以将正在进行或已完成的相关项目纳入专业硕士案例库;也可以与行业协会、与学校有互通的相关企业沟通,在征求相关部门同意,不侵犯他人权利的前提下,搜集撰写相关教学案例;翻译相关外文文献,通过整理将其纳入专业硕士案例库。

我国专业硕士案例库建设走在前沿的是全国工商管理硕士（MBA）教育指导委员会与大连理工大学合作建立的中国管理案例中心（CMCC），中欧商学院、清华大学经管学院等高校也建立了自己的工商管理硕士（MBA）的案例库，MBA教育指导委员会以案例库建设为契机鼓励相关老师去发现、挖掘、撰写案例，组织MBA层次的中国管理案例大赛，并大力推行案例教学、培训MBA任课教师。目前越来越多的专业硕士教育指导委员会、部分高校在大力建设专业硕士的案例库，会计专业硕士、金融专业硕士教育指导委员会在推动其案例库建设，上海财经大学对于资产评估专业硕士正在建立专业硕士案例库。案例库的建设、案例教学法受到越来越多的教师和学生的欢迎。案例库提供了丰富的教学资源，无论是老师学生还是校外从业人员，需要查阅相关案例资料，只要通过登录案例库对应链接并注册个人账号就可以共享资源，实现实时下载或查阅，让学生在学习的过程中了解全球最新的资讯，从专业的视角对这些实事案例进行分析，打破"从理论到理论，从假设到推论"的偏科研的学术硕士教学模式，同时也为从业人员工作过程中需要查阅相关案例资料提供便利。

9.3.6 注重科研能力的培养

专业硕士培养虽然强调实践动手能力的重要，也是提出专业硕士培养与职业资格互通的原因之一，但这并不是否定专业硕士科研能力的培养，专业硕士教育作为研究生教育的范畴，必须要达到研究生对科学研究能力的基本要求。很多培养院校在进行专业硕士培养的时候，侧重对实践能力的培养，从而弱化对科研能力、学术水平的培养。当然，对专业硕士科研能力的培养和要求是不同于学术硕士的，目前国内部分培养院校对此进行了积极探索，力图建立专业硕士科研能力培养的方式和路径。比如上海财经大学提出在对专业硕士培养过程中提出对于专业硕士科研能力的衡量标准并不一定只能是纯粹的学术研究，而是体现研究生具有综合运用所学理论与知识解决实际问题的能力。综合现在情况看，培养院校对专业硕士科研结果的具体形式也不仅仅是学术论文，而呈多样化的态势，比如可采用产品研发与技术改造、软件开发、工程/工艺设计、应用研究、工程/项目管理、调研报告、案例分析等。专业硕士科研能力培养路径上应坚持通过学校与企业的合作关系，企业可以将其技术、经济、管理或者是专项问题与研究生分享，鼓励研究生加入科研工作团队，让研究生在实际项目中提升自己发现问题、解决问题的能力，为研究生今后的职业生涯作好充分的准备。

9.3.7 加强对实践教学的组织、管理与考核评估

全日制专业学位硕士研究生的专业实践不能简单地等同于实训、实习，它可以以分段或集中的形式实施，在内容上也具有相当的灵活度，但是它本质是一种教学活动，有着确定的教学目标，需要制定教学计划，通过创新研究、生产设计、社会实践等专业实践内容的合理配置，建立起与理论学习相辅相成的实践教学体系，用以提高研究生实践能力和创新能力。加强对实践教学的组织与统筹，有利于确保专业实践在人员、实践、内容、质量上得到落实，提高专业实践的规范化程度和教学效果。一是要加强学校层面对实践教学的组织与统筹，主要是完善管理制度和优化资源配置，加强实践教学的顶层设计。二是要加强学院层面对实践教学的组织和统筹，主要是发挥学院的能动性，加强对实践基地的对口交流，定期收集到实践基地单

位需要进行研究的课题和一些急需解决的生产实际问题,组织导师和研究生带着这些课题到相应基地去进行专业实践。

专业实践内容主要是指与职业密切联系的实践活动。与实验室中的实践活动不同,专业实践应到本专业相关的实际工作中去实习实践,了解和熟悉本行业工作流程和相关职业规范,同时参与完成导师的研究课题或实践单位的研究课题。在专业实践后,专业硕士应该能对本行业工作流程和相关的职业规范了然于心,并且积累了一定的实际工作经验,实践研究和创新能力、专业素养、就业创业能力得到提高。在此期间,学生还应完成学位论文工作。学校应加强专业实践考核与评价体系的建设,实现考核标准的能力化、考核内容的综合化、考核方法的多样化,做到过程性评价与终结性评价相结合,定量评价与定性评价相结合。相关学院应尽快完善管理细则,做好对研究生专业实践的跟踪工作,定期检查、评估专业实践情况。

9.3.8 加强实践环节的质量监控

专业实践是专业硕士培养至关重要的教学环节,充分的、高质量的、有效的专业实践是专业硕士教育质量的重要保证。现有绝大部分专业学位研究生教育要求"在学期间必须保证不少于半年的实践教学,应届本科毕业生的实践教学时间原则上不少于1年",实践时间高达研究生在校时间的一半。因此,把握好实践环节的质量,是专业硕士培养的有力保障。第一,建立一批高水平、综合性的实践基地,并实行有利于学生实践的开放共享机制。目前,不少高校建立了校企合作的研究生联合培养基地、实训实践基地和创新创业平台,依托行业企业优质资源,让学生在实际锻炼、真刀真枪中增强实践应用能力。可以通过政府和相关部门,遴选一批与国家和地方国家和地方自主创新、科技进步和文化繁荣结合紧密的行业企业，向社会公布。高校通过自身需求和相关条件，与企业进行合作，签订协议，建立定向联合培养基地，实现专业硕士培养质量和科技创新能力的同步提升。第二，要建立校企协作培养专业硕士的双赢机制。研究生在基地实践期间，应充分发挥学科优势，以企业真实难题为课题，以是否解决实践课题或提出有价值的技术方案为检测标准，形成校企双赢的长效机制。第三，要建立实践教学全过程管理机制。校外环节虽然难以控制、难以监督，但可以通过加强过程性材料和阶段性成果的实时记录、多种形式的定期交流互动等举措，实现学生校内外同等要求，实现由重实践结果评价向既重实践过程规范又重能力提高评价的转变。

9.3.9 加强宣传，营造有利于专业硕士的就业环境

虽然我国建立专业硕士教育近30年，但大规模推行专业硕士教育是2010年，不到10年的时间里，专业硕士研究生毕业人数有限，总体上还属于研究生教育中的"新事物"。与此对应的就是社会各界对此知之不多、了解不够，甚至出现了专业硕士得不到认可等极端的情况，而对专业硕士培养与职业资格互通就更是知之甚少，突出的表现就是专业硕士研究生就业时遇到了不公正的待遇。所以，应该加大宣传力度，让社会各界对专业硕士有进一步全面的了解，对专业硕士培养与职业资格互通有基本的了解。具体分析：教育部、与专业硕士对应的主管部门、各省级教育和专业硕士主管部门、专业硕士培养高等学校、专业硕士研究生自身等，专业硕士培养与职业资格互通的各个相关部门都要大力宣传国家关于发展专业学位硕士研究生教育的各项政策，宣传经济社会发展对于应用型、高素质人才的迫切需要；宣传发挥好专业学位硕士研究生作用对于促进我国经

济社会又好又快发展的重要意义，为做好专业学位硕士研究生就业工作营造良好的就业环境。对于培养专业硕士的科研院所尤其要切实做好宣传教育工作，充分利用招生复试、校园网、招聘会、各种比赛、各种活动等形式，让专业学位研究生、职业资格关联方更多了解国家政策、高校具体措施，共同营造一个专业硕士培养和专业硕士就业的良好环境。对于差别化甚至是歧视性的专业硕士就业问题，各地教育行政部门、有关部门教育司、监察督察等部门要加强监督检查，确保政策执行效果。

第十章

结论与展望

本书紧密围绕高素质应用型人才培养目标,对照专业学位人才培养目标定位、培养管理模式、上下游相关机构的协同配合、与职业资格的衔接等方面提出相关的建议和措施,结合重庆理工大学资产评估专业硕士的培养实际,初步构建出培养高层次应用型人才与职业资格互通的蓝图。其中主要研究结论有:

10.1 主要研究结论

第一,随着我国专业学位类型的扩充、专业硕士学位授予单位的增加、专业硕士队伍的壮大,专业学位教育将成为我国未来高等教育发展的重点和趋势。专业硕士培养与职业资格互通理念符合国家对于专业硕士的培养目标和人才定位,应该得到政府、教育主管部门、各高校、行业协会及企业的支持与认可,并且加入到高层次专业人才培养的队伍中,共同推动我国专业硕士教育的发展。

第二,我国专业硕士教育经过 20 多年的发展,在取得一定成果的同时也存在一系列突出问题。主要表现在以下几个方面:

专业硕士培养数量不足；专业硕士与学术硕士同质化倾向严重；教学条件尚未达到专业硕士培养要求；专业硕士培养与职业资格衔接性不强；专业硕士社会认可度不高、学生担心就业前景等问题。上述问题的出现难以实现专业硕士培养目标、突出专业学位与职业资格的衔接关系，导致专业硕士能力不强，社会认可度不高，就业前景不乐观等问题的出现。因此，在此背景下，建立专业硕士培养与职业资格互通机制，加强专业与职业的衔接就显得尤为重要。

第三，专业硕士培养与职业资格的互通在发达国家普遍存在，并在高等教育与职业资格教育体系中发挥着重要的作用。其中较为典型的有英国、澳大利亚、德国。在英国，学历教育与职业教育两者并重。英国证书体系的核心是"国家职业资格证书（NVQ）"制度和"普通国家职业资格证书（GNVQ）"制度。英国现行的教学课程、职业课程设计、考试都是围绕这两种制度展开的，同时政府允许职业技术教育与普通的学科教育之间互相转学。在澳大利亚，其中等教育、普通高等教育和职业教育是有机结合起来的，在中等教育体系和职业教育体系学习的学生都可以取得一级证书和二级证书，在职业教育体系和普通高等教育体系学习的学生，可以取得文凭和高级文凭，取得职业教育体系中的文凭和高级文凭的学生可以免试直接进入大学二年级攻读学位。"双元制"是德国职业技术教育的主要形式。所谓"双元制"高职教育，是指学生在企业接受实践技能培训和在学校接受理论培养相结合的高职教育形式。无论是英国模式还是德国模式，都将专业学位教育与职业资格紧密联系在一起。

第四，在进行专业硕士培养与职业资格互通机制设计时，应从行业协会、专业硕士培养内容、市场需求三个方面进行互通机制的设计。在国家推行"放管服"的大背景下行业协会在专业硕士培养与职业资格互通的机制中充当政府的校色，行使行业管理的职能，能够很好地把培养单位、行业企业、专业硕士导师、专业硕士研究生等各方衔接起来形成共同体，实现"多赢"局面。培养内容是专业硕士与职业资格互通机制的核心，要从教学与考试内容、实践环节、毕业论文等方面细化培养内容，让培养单位、用人单位何专业硕士研究生都认可培养内容。要坚持市场需求为导向促进专业硕士培养与职业资格互通，专业硕士人才培养的方方面面都要以市场为导向，要服务于市场需求，专业硕士研究生是否得到市场认可是判断互通机制效果的标准之一。

第五，为了保障互通机制的顺利运行，应从政府、相关部门利益补偿等角度出发，制定相应的互通机制保障措施，积极发挥政府在互通机制中的重要作用。专业硕士教育与职业资格认证分属两个不同的管理体系，各自执行一套人才培养方式和认证标准，要想将没有直接联系的两者有机结合在一起，必须发挥政府的领导和协调作用，积极推动两者的互通。为了鼓励企业能够积极加入到专业硕士培养的行列，当地政府可以针对以上企业在税收方面给予一定的扶持，在贷款方面政府可以通过政策性行为为以上企业提供融资机会。为了鼓励学校能够积极参与互通机制，让互通机制能够顺利实施，当地政府可以针对积极参与的院校给予资金上的支持。

第六，为了保障专业硕士培养与职业资格互通机制能够有效运行，为专业硕士培养单位提供具体的衡量标准，建议单独出台一个专业硕士培养与职业资格互通评价体系，通过设计互通评价指标体系，将定性分析与定量分析相结合，借助科学的数据统计工具，对专业硕士培养单位与职业资格的互通进行客观合理的评价，为高校在专业硕士培养中存在的不足和有待完善的地方提供参考。

10.2 后续研究展望

我们期望专业硕士培养与职业资格互通机制的建立，能够有助于推动重庆市在全国率先进行专业硕士培养与职业资格互通的试点，为重庆市各高校专业硕士学位教育的科学定位、教育理念转变、培养质量提高、专业硕士教育目标的实现起到一定的推动作用，进而为全国同类专业硕士培养起到较好的示范作用，产生较好的经济效益和社会效益。

第一，建立专业硕士培养与国际职业资格的互通机制。国内专业硕士培养与国外职业资格互通能满足专业学位研究生教育的国际化需求。目前，很多专业学位都有对应的国外职业资格认证，比如项目管理领域工程硕士与国际项目经理资质认证、工程管理硕士研究生与国际项目管理资质认证等。国际职业资格认证一方面更考验个人素质，更具含金量；另一方面适用的范围更广，有利于个人职业发展。国内较为成功的专业硕士学位与国际职业资格互通的项目有：会计硕士课程体系与特许公认会计师工会认证、金融硕士与注册金融分析师、特许管理会计师公会认证等。如果国内专业学位研究生教育能与国际职业资格认证更大程度互通，对于丰富人才的知识结构、提高人才的专业素质有更大的作用，国内专业学位教育将更上一个台阶。

第二，本科、博士与职业资格实现互通。在专业学位硕士研究生教育与职业资格实现互通的基础上，本科、博士也应与职业资格实现一定程度的互通，构建我国高等教育与职业资格互通的完整结构体系。目前，已有一些本科、博士与职业资格互通的案例，如临床医学博士专业学位研究生培养与专科医师规范化培训衔接，构建了以"5+3"为主体的标准化、规范化临床医学人才培养体系。实行全方位的互通，一方面，职业资格认证分为不同等级和不同门数的考试，本科、硕士、博士可以阶梯式与职业资格认证对应，实现不同程度的互通；另一方面，本科、硕士、博士与职业资格互通能够体现知识的连贯性，层层深入的教育体系能够更有效地提升个人能力。

参考文献

[1] 张海英:"我国专业学位教育发展策略研究",天津大学2006年硕士学位论文。

[2] 陈静:"我国专业学位研究生教育发展问题研究",西南大学2013年博士学位论文。

[3] 黄惠:"国内专业学位硕士研究生培养问题的研究述评",载《南京工程学院学报(社会科学版)》2018年第4期。

[4] 廖湘阳、周文辉:"中国专业学位硕士研究生教育发展反思",载《清华大学教育研究》2017年第2期。

[5] 张志红、潘紫微:"全日制专业硕士:产学研合作培养模式的探索",载《高等工程教育研究》2011年第4期。

[6] 别敦荣、赵映川、闫建璋:"专业学位概念释义及其定位",载《高等教育研究》2009年第6期。

[7] 曹洁、张小玲、武文洁:"对专业学位硕士研究生教育与培养模式的思考与探索",载《清华大学教育研究》2015年第1期。

[8] 黄锐:"以实践能力为核心的专业硕士培养模式探究",载《教育研究》2014年第11期。

[9] 田学真:"全日制专业学位硕士研究生培养创新研究",华中农业大学2013年硕士学位论文。

[10] 章晓莉、郁诗铭:"我国专业学位硕士研究生培养模式的反思与改

革",载《学位与研究生教育》2012年第10期。

[11] 黄宝印:"我国专业学位研究生教育发展的新时代",载《学位与研究生教育》2010年第10期。

[12] 张乐平、朱敏、王应密:"研究型大学全日制专业学位硕士研究生培养特性及矛盾分析",载《学位与研究生教育》2013年第8期。

[13] 万明:"我国研究生教育体制改革研究",中国科学技术大学2013年博士学位论文。

[14] 杨震:"国内外专业学位硕士研究生培养模式研究比较",载《湖南师范大学教育科学学报》2013年第2期。

[15] 李忠云、曹亚:"全日制专业学位硕士研究生培养现状及改善策略",载《研究生教育研究》2015年第5期。

[16] 吴华杰、杨钋:"专业学位研究生教育的定位及教育模式探究",载《学位与研究生教育》2017年第5期。

[17] 邱丹阳、李朋军、冯清云:"需求导向型:创新与完善应用型硕士研究生的培养模式",载《黑龙江高教研究》2012年第8期。

[18] 秦春生、戴继天:"中、美教育硕士教育比较研究",载《学位与研究生教育》2002年第11期。

[19] 鲁晓钰、闫志刚:"专业硕士'扩招'背后",载《教育与职业》2012年第31期。

[20] 孟凡华:"职业资格认证的政策期待",载《职业技术教育》2017年第27期。

[21] 陈宇:"我国职业资格证书制度的回顾与前瞻",载《教育与职业》2004年第1期。

[22] 蒋晓旭、郭雪梅:"完善中国职业资格认证与管理制度的思考",载《中国高教研究》2006年第2期。

[23] 张涵:"我国职业资格证书制度发展对策研究",载《职业技术教育》2008年第16期。

[24] 石金涛、陈琦:"职业资格制度的发展:人力资本理论的观点",载《科学管理研究》2003年第6期。

[25] 席东梅:"职业资格制度、就业准入制度对职业技术教育的影响",

载《中国职业技术教育》2004年第1期。

[26] 侯自芳："我国职业资格制度人才评价体系研究"，国防科学技术大学2006年硕士学位论文。

[27] 吕忠民："职业资格制度的研究及对策"，载《中国考试（研究版）》2008年第3期。

[28] 金难："对在我国建立职业资格制度的构想"，载《社会学研究》1996年第5期。

[29] 谢晶："国际视野下国家资历框架对我国职业资格制度改革的启示借鉴"，载《中国行政管理》2018年第8期。

[30] 吴立波、吴回生："职业资格制度改革与职业教育的关系研究"，载《职业教育研究》2018年第9期。

[31] 翟怀远、陈燕："专业学位研究生教育与职业资格认证相结合的研究"，载《学位与研究生教育》2007年第S1期。

[32] 李娟、孙雪、穆晓星："专业学位与职业资格认证对接机制的案例研究与要素分析"，载《研究生教育研究》2012年第6期。

[33] 张淑林、夏清泉、陈伟："专业学位研究生教育与职业资格认证相衔接的有关问题探讨"，载《研究生教育研究》2013年第1期。

[34] 研究生专业学位总体设计研究课题组：《开创我国专业学位研究生教育发展的新时代——研究生专业学位总体研究报告》，中国人民大学出版社2010年版。

[35] 张芳芳："专业学位研究生教育与职业资格认证衔接的现实困境与对策思考"，载《科教导刊（上旬刊）》2013年第5期。

[36] 李阳、贾金忠："全日制专业学位研究生教育与职业资格认证衔接的模式、影响因素及改革路径"，载《学位与研究生教育》2017年第6期。

[37] 郭蕾、贾爱英、生玉海："对专业学位研究生教育与职业任职资格教育结合的思考"，载《学位与研究生教育》2010年第12期。

[38] 邓光平："美国第一级专业学位与行业任职资格衔接的策略探析"，载《中国高教研究》2008年第11期。

[39] 谢莉花、余小娟："德国资格框架的资格标准构建：内容、策略与启

示",载《高教探索》2019年第5期。

[40] 杨延:"我国职业资格认证考评与培训同发达国家的差距到底在哪里",载《天津市教科院学报》2006年第5期。

[41] 白冰、吴林娜:"我国全日制专业硕士培养过程中的问题及对策——以四川大学全日制出版专业硕士为例",载《出版科学》2012年第5期。

[42] 黄锐:"民族院校专业硕士培养模式探讨——以中央民族大学MBA项目为例",载《中央民族大学学报(哲学社会科学版)》2012年第5期。

[43] 孙兰义、候影飞、丁传芹:"全日制专业学位硕士研究生培养模式的构建策略",载《研究生教育》2013年第2期。

[44] 邱冬阳、吴斯:"专业硕士培养与职业资格互通机制设计",载《研究生教育研究》2014年第6期。

[45] 林梦泉、朱金明、吕磊:"专业学位教育质量保障机制研究",载《研究生教育研究》2012年第6期。

[46] 姬红兵、李青山、王爽:"以职业资格认证为牵引,构建工程硕士实践能力培养体系——以电子与通信工程领域为例",载《研究生教育研究》2017年第1期。

[47] 袁钢:"法学教育与法律职业资格考试衔接路径研究",载《中国高教研究》2018年第10期。

[48] 赵黎明、赵冬梅:"工程硕士研究生培养与高级设备监理师资格对接的探索与实践——以华北电力大学为例",载《学位与研究生教育》2016年第11期。

[49] 白才进、王红:"图书情报专业硕士与图书馆学情报学学术硕士的培养模式探讨",载《图书馆》2012年第3期。

[50] 李杰、李镇:"我国工程硕士教育与职业资格认证对接案例的启示",载《学位与研究生教育》2013年第6期。

[51] 胡旭晖、万启常:"在高等职业教育推行职业资格证书的探讨",载《湘潭师范学院学报(社会科学版)》2005年第5期。

[52] 虞思旦、孙晓鲲、李娟娟:"国内外职业资格证书教育纳入学历教育的现状分析",载《北京联合大学学报》2003年第4期。

[53] [美]杰弗里·菲佛、杰勒尔德·R·萨兰基克:《组织的外部控制:对组织资源依赖的分析》,闫蕊译,东方出版社2006年版。

[54] 冷玉霞:"职业学校实施职业资格证书制度的研究",天津大学2004年硕士学位论文。

[55] 黄正夫:"基于协同创新的全日制教育硕士培养模式研究",西南大学2014年博士学位论文。

[56] 苏达士等:"多方合作办学共赢理论探讨与实践",载《北京工业职业技术学院学报》2015年第2期。

[57] 江红英:"德国'双元制'模式对我国高职教育的启示",载《邯郸职业技术学院学报》2005年第4期。

[58] 邰岭、陆晓洁:"国外职业资格证书与学历教育衔接模式探析",载《继续教育》2014年第9期。

[59] 李兵:"国外学历证书与职业资格证书衔接的比较及启示",载《职教论坛》2008年第6期。

[60] 陈爽、冀国峰:"欧亚五国职业资格证书制度及对我们的启示",载《职业技术教育》2001年第24期。

[61] 马丽丽、田淑芳、王娜:"基于层次分析与模糊数学综合评判法的矿区生态环境评价",载《国土资源遥感》2013年第3期。

[62] 陈霞:"一种为学生的升学和就业做准备的课程——英国普通国家职业资格(GNVQ)课程述评",载《外国教育研究》2002年第9期。

[63] 许英:"德、法等国职业教育的立法比较",载《职教论坛》2003年第9期。

[64] 宋官东:"发达国家高等职业教育的发展及对我们的启示",载《外国教育研究》2002年第10期。

[65] 洪虹:"论我国司法考试制度的问题及其改进",南京大学2014年硕士学位论文。

[66] 国务院学位委员会:《关于博士硕士学位授权审核办法(送审稿)的说明》,2017年3月13日。

[67] Byrne, P. Australia-China Vocational Education and Training Project: VET Planning and Reform Relevant to National , Municipal and District

Governments [C]．第二届中国—澳大利亚职业教育论文集，2005.
［68］The Council of Graduate Schools，Graduate Education：The Backbone of American.
［69］Competitiveness and Innovation. http：//www. cgsnet. org/，2007.
［70］叶之红："澳大利亚职业教育培训促进全民学习、终身学习的经验"，载《教育发展研究》2003年第C1期。
［71］California State University San Marcos，Extended Learning Professional Science Masters in Biotechnology. PSMBt Program Requirements. http：//www. csusm. edu/el/.
［72］Degree programs/psmbiotech/program requirements. html，2010-02-04.
［73］Florida State University，Mathematics. MSin Financial Mathematics Degree Requirements.
［74］http：//www. math. fsu. edu/finmath/MSDegreeRequirements. math，2010-01-26.
［75］陆玉梅、王志华、谢忠秋："职业发展导向下工商管理类人才多维能力培养的实践教学体系探索"，载《教育教学论坛》2015年第12期。
［76］李娟、孙雪、王守清："专业学位研究生教育的外部质量评价体系的构建——以职业资格认证为导向"，载《黑龙江高教研究》2010年第11期。
［77］郑浩、王欣："商业银行竞争力评价指标体系研究"，载《环渤海经济瞭望》2013年第5期。
［78］李安萍、潘剑波、陈若愚："论专业学位研究生教育的实践教学理念——基于职业教育的视角"，载《教育理论与实践》2011年第27期。
［79］陈志祥："在专业学位研究生课程中开展校企合作教学模式的若干问题探讨"，载《研究生教育研究》2011年第3期。
［80］敖永胜："企业研究生工作站培养全日制专业学位研究生探索"，载《学位与研究生教育》2011年第3期。
［81］邓红珍、徐肇杰："试论高职课程体系改革与国家职业资格证书制度的衔接"，载《职业教育研究》2007年第2期。

[82] 贺随波、刘俊起："服务需求 创新模式 突出特色 提高质量——深化专业学位研究生教育综合改革二年总结"，载《学位与研究生教育》2018年第1期。

[83] 高明国："全日制专业学位研究生教育存在问题及对策研究"，载《泰州职业技术学院学报》2011年第5期。

[84] 秦发兰等："关于全日制专业学位研究生特色化培养的思考"，载《中国高教研究》2012年第4期。

[85] 高明国："全日制专业学位研究生教育应加强与职业领域的有效衔接"，载《长春理工大学学报（社会科学版）》2011年第9期。

[86] 郭耿玉、魏素敏："全日制专业硕士研究生教育存在的问题及发展对策研究"，载《江苏理工学院学报》2014年第3期。

[87] 岑海堂、杨忠义："全日制专业硕士培养模式研究"，载《教育教学论坛》2014年第16期。

[88] 王理、李燕、马静："全日制专业学位研究生培养质量提升的思路与举措"，载《教育教学论坛》2014年第16期。

[89] 刘楠、申爱兵、赵韦仑："国外研究生教育对我国全日制专业硕士培养模式的启示"，载《沈阳工程学院学报（社会科学版）》2014年第2期。

[90] 邓永勤、龙维军："关于资产评估专业硕士培养的思考"，载《中国资产评估》2015年第12期。

[91] 邱玉兴、韩佳、袁博："基于产学研结合的会计专业硕士培养模式构建"，载《商业会计》2015年第6期。

[98] 何平均、周卉蕊："美国专业硕士培养质量管理的特色及启示"，载《黑龙江教育（高教研究与评估）》2015年第5期。

[93] 熊会兵、汪浩、陈瑶："我国全日制商科专业硕士培养模式优化研究"，载《新课程研究》2015年第7期。

[94] 阎为民："专业硕士培养途径研究"，载《现代教育科学》2015年第9期。

[95] 李梦娥、张登银："面向专业学位研究生教育的职业资格衔接难点与实现探讨"，载《黑龙江高教研究》2015年第11期。

Postscript

后 记

本书是我在 2013 年申报重庆市教委的学位与研究生教育教学改革重大项目"专业硕士培养与职业资格互通机制研究与实践"结项成果基础上,结合近年来的新变化改写而成的。

当时申报这个项目时,我在重庆理工大学经济与贸易学院任副院长,并作为负责人成功带头申报了资产评估专业硕士点,随后完成了人才培养方案制定、宣传招生、师资培养、实习、毕业论文撰写与答辩、学生就业等一系列工作。同时,自己既带应用经济学学术硕士,也带资产评估专业硕士。在这一系列的工作实践中,日益体会到专业硕士学位与学术硕士学位在培养环节区别不大,但在培养目标、研究生去向上又有显著的区别,尤其是在资产评估专业硕士、会计专业硕士、税务专业硕士、建筑学专业硕士等领域,其有对应的职业资格考试、职业资格证书来证明其职业能力。专业硕士同学们在校期间多数人选择考证,甚至跨专业考证,考取多个证书。于是,我就在想是不是可以在专业硕士培养与职业资格之间建立起一种联系,让专业硕士学生可以免考或者免修 1~2 门课程,反过来让从事相关工作的在职人士在考取、学习专业学位时同样免考或者免修 1~2 门课程。基于这样的想法,我查阅了相关资料和文献,这在当时的理念中是具有前沿性的，就产生了相对系统一点地展开研究的想法，进而通过申报重庆市研究生教改项目以获得进一步的支持。

在获准立项后，我立刻展开了研究，通过查阅中英文文献、政策法规，进行理论分析、机制设计，开展问卷调查、个案访谈，撰写报告初稿、发表论文，申请项目结题、现场答辩等环节，并于2015年年底顺利结项。需要特别说明的是，课题组的成员对项目每个阶段工作都有不同程度的贡献，但结题稿完全由我本人撰写完成。虽然依托项目在我国学位与研究生教育的核心期刊《研究生教育研究》2014年第6期上发表了题为"专业硕士培养与职业资格互通机制设计"的论文，并于2014年获得了重庆市学位与研究生教育研究优秀论文一等奖等荣誉，结项中评审专家给予了高度评价，但是自己还是觉得研究成果有修改完善的空间。加之，我工作岗位发生变动，于2016年年中调到学校MBA教育中心任主任，对中国最早开办的第一个专业学位研究生教育——工商管理硕士（MBA）有更加深入、全面的了解后，又萌生了一些新想法、新观点，对原来已经结项的研究成果中部分内容不够满意。此外，近年来我国专业硕士招生规模进一步扩大，政策在不断地完善，培养院校在不断进行专业硕士教育改革。职业资格层面则在国家推行"放管服"背景下，部分职业资格被取消、调整与归并等改革，专业硕士发展与职业资格两方面呈现出的一些新趋势都值得研究。因此，我于2018年年底决定对原来结题稿进行修订完善，并争取出版。我带着研究生们经过2019年大半年的持续努力工作，终于修订完成。

在这个历时7年多、曲折坎坷的过程中，我们得到方方面面人士的帮助，尤其要感谢重庆市教委对项目的立项支持，没有立项的激励与约束，关于专业硕士教育教学改革的想法就仅

后 记

仅是个想法而已,而不会变成呈现在读者面前的这本书;感谢重庆理工大学所有领导和同事们,尤其是研究生院、MBA教育中心、经济与金融学院、会计学院的老师和同事们对研究过程中林林总总的问题的大力支持和帮助,促使我在完成日常工作之余能够坚持完成项目,是重庆理工大学开办的资产评估专业硕士、会计专业硕士、工商管理专业硕士的专业学位点实践给研究提供了鲜活的素材,书中对其评价也仅仅代表个人观点,仅用于学术研究;感谢我的研究生们,尤其是吴思、陈美荣、何金珂、赵盼等同学,我们一起克服了撰写完善书稿、申请出版成书过程中的种种困难,感受到同学们的激情与活力,感受到千方百计解决问题后的释然与欢乐;感谢项目组成员、研究同行以及在问卷调查、专家打分、项目评审中给予支持的专家、学者与朋友们,你们的积极参与、中肯的意见与建议,让本书的内容更为真实客观,更加严谨完善。

　　本书多次修改,时间跨度较长,专业硕士培养与职业资格互通的相关政策、单位、人员名称等都发生了很多变化,本着尊重事实的原则,修订时没有统一调整为现在的状态,而是保持原貌。因此,对其恰到好处的排版编校也是煞费苦心,特别要感谢本书的责任编辑——中国政法大学出版社的刘畅女士,感谢她的辛勤工作促使本书早日和大家见面。

　　再次向所有提供过支持与帮助、给予过关心与鼓励的朋友们道一声:谢谢!

　　修改完成书稿交付印刷时,突然感到有更多的读者会读到我的研究成果,原来学术研究的"小众"升级变为"大众",不同背景、不同身份、不同阅历的读者对本书的观点、看法、论证、建议等不一定认同。换个角度看,即使本书有这样那样的不完善,但是出版后能激发更多的读者对中国正在进行的专业学位研究生教育教学的关注、思辨和行动,进而有助于培养出更多合格的专业硕士人才,那便是本书出版的价值和意义所在。

邱冬阳

2019年9月于重庆

Appendix
附 录

附录一：专业硕士培养与职业资格互通调查问卷

（一）专业硕士培养与职业资格互通研究的调查问卷——学生版

亲爱的同学：

您好！非常感谢您百忙之中填写此份问卷，本次调查旨在了解专业硕士培养与职业资格互通的问题，以便于设计两者的互通体系。此问卷采取不记名答题方式。您在问卷上所填写的内容只用于研究活动，对所有的答卷信息只做整体的数据统计和分析，我们将严格保密，保证您提供的各种信息不流入其他地方或移作他用，以杜绝对您可能造成的任何不利影响。

请您根据实际情况和自己的真实感受回答该问卷的每一个问题，并按照相关要求在合适的选项后打"√"，或者在表中空白处填写答案。非常感谢您的参与及合作！

注：专业硕士培养与职业资格互通是指通过将硕士专业学位授予标准与职业资格标准紧密结合等方式，实现专业硕士培

养和职业资格教育的相互渗透与融合，力求将学生培养成为具备深厚理论基础、较强研究能力和拥有技术技能的优秀人才。例如，在专业硕士人才培养方案中设置的与职业资格考试科目相同或相近的课程，通过与相关组织或部门沟通、申请，能够免修职业资格相应的考试科目。另一方面，若在校研究生通过了相应的职业资格认证考试，可对相应考试课程进行学分免修处理。

1. 您的性别是

男◯　　　　　　　　女◯

2. 您的年龄段在

22岁以下◯　　　　22岁~26岁◯　　　　26岁以上◯

3. 您目前处于

硕士在读◯　　　　　硕士毕业◯

4. 您在攻读硕士学位前是否正式参与过工作

是◯　　　　　　　　否

5. 您了解专业硕士培养与职业资格互通吗

非常了解◯　　　一般了解◯　　　不太了解◯

完全不了解◯

6. 您认为专业硕士培养有必要与职业资格进行互通吗

非常必要◯　　一般必要◯　　无所谓◯　　不必要◯

完全没必要◯

7. 您认为工作对职业资格考试的重要程度

非常重要◯　　　　一般重要◯　　　　　不重要◯

8. 您的专业是否存在与职业资格互通的现象，请列举

否◯　　　　　　　是◯

9. 您比较认同哪种互通形式（可多选）

课程及考试科目互认和免修◯

职业资格与专业学位互为前提条件☐

缩短职业资格考试实践时间☐

专业学位研究生教育与职业资格完全对接：毕业获得学位证和职业资格证书☐

10. 您认为国内专业硕士培养与职业资格证书互通的水平如何

高☐　　　一般☐　　　低☐　　　不了解☐

11. 您认为您就读的学校在专业硕士与职业资格互通方面做得如何

高☐　　　一般☐　　　低☐　　　不了解☐

12. 您目前通过了几项职业资格认证

0项☐　　1项~2项☐　　3项~4项☐　　5项~6项☐

7项及以上☐

13. 您所接触的职业资格考试难度如何

非常难☐　　有点难☐　　正常☐　　容易☐

非常容易☐

14. 您考证的目的在于

相关专业的要求☐　　周围人的影响☐　　就业的需求☐

兴趣爱好☐　　其他☐

15. 您认为所学课程对职业资格考试的帮助大吗

非常大☐　　很大☐　　一般☐　　没什么帮助☐

16. 如果目前职业资格考试可以根据专业硕士课程进行免修，你认为应该免修几门

不应该免修☐　　　1门☐　　　2门☐

3门及以上☐

17. 您同意通过职业资格认证后可免修相应的专业硕士学位课程吗

非常赞同☐　　赞同☐　　无所谓☐　　不赞同☐

强烈反对⬜

18. 目前您的职业资格认证中是否存在对从业时间有要求的职业资格，如果有，您认为就业时间要求

较长⬜　　　正常⬜　　　较短⬜　　　没有时间要求⬜

19. 您认为学历水平与职业资格在就业中更重要的是

专业硕士学位⬜

学术硕士学位⬜

职业资格⬜

同等重要⬜

都不重要⬜

20. 您认为目前专业硕士培养和职业资格衔接得比较好的学科或学校是

21. 您对专业硕士培养与职业资格互通有什么建议

（二）专业硕士培养与职业资格互通研究的调查问卷——社会版

尊敬的先生/女士：

您好！非常感谢您百忙之中填写此份问卷，本次调查旨在了解专业硕士培养与职业资格互通的问题，以便于设计两者的互通体系。此问卷采取不记名答题方式。您在问卷上所填写的内容只用于研究活动，对所有的答卷信息只做整体的数据统计和分析，我们将严格保密，保证您提供的各种信息不流入其他地方或移作他用，以杜绝对您可能造成的任何不利影响。请您根据实际情况和自己的真实感受回答该问卷的每一个问题，并按照相关要求在合适的选项后打"√"，或者在表中空白处填写答案。非常感谢您的参与及合作！

注：专业硕士培养与职业资格互通是指通过将专业硕士学位授予标准与职业资格标准紧密结合等方式，实现专业硕士培养和职业资格教育的相互渗透与融合，力求将学生培养成为具备深厚理论基础、较强研究能力和拥有技术技能的优秀人才。例如，在专业硕士人才培养方案中设置的与职业资格考试科目相同或相近的课程，通过与相关组织或部门沟通、申请，能够免修职业资格相应的考试科目。另一方面，若在校研究生通过了相应的职业资格认证考试，可对相应考试课程进行学分免修处理。

1. 您的性别是

男□　　　　　　　女□

2. 您的工作单位是

学校等科研机构□　　国家行政企业□　　社会组织机构□

外资企业□　　　　　其他□

3. 您了解专业硕士培养与职业资格互通吗

非常了解□　　了解□　　不太了解□　　完全不了解□

4. 您认为专业硕士培养有必要与职业资格进行互通吗

非常必要□　　一般必要□　　无所谓□　　不必要□

完全没必要□

5. 您比较认同哪种互通形式（可多选）

课程及考试科目互认和免修□

职业资格与专业学位互为前提条件□

缩短职业资格考试实践实践□

专业硕士研究生培养与职业资格完全对接：毕业获得学位证和职业资格证书□

6. 您认为目前专业硕士培养与职业资格证书互通的水平如何

高◯　　一般◯　　　低◯　　　不了解◯

7. 您认为职业资格是否是就业的硬性要求

是◯　　　　　　　否◯

8. 您认为员工参加职业资格考试是否应该设置奖励机制

是◯　　　　　　　否◯

9. 对于同等岗位，不同职业资格等级是否应该有薪资差别

是◯　　　　　　　否◯

10. 对于同等岗位，不同学历水平是否应该存在薪资差别

是◯　　　　　　　否◯

11. 如果通过进修专业硕士的相关课程可以免修职业资格考试中的科目，你认为应该免修几门

不应该免修 ◯　　　1门 ◯　　　2门 ◯　　3门及以上 ◯

12. 您同意通过职业资格认证后可免修相应的专业硕士学位课程吗

非常赞同◯　　赞同◯　　　无所谓◯　　　不赞同◯

强烈反对◯

13. 您认为学历水平与职业资格在就业中更重要的是

专业硕士学历◯

学术硕士学历◯

职业资格◯

同等重要◯

都不重要

14. 您认为工作对职业资格考试的重要程度

非常重要◯　　　　　一般重要◯　　　　　不重要◯

15. 您对于互通获取的职业资格认可度

1 ◯　　　2 ◯　　　3 ◯　　　4 ◯　　　5 ◯

16. 您认为目前专业硕士培养与职业资格互通的困难在于

（多选）

  行政程序不流畅☞

  两者培养目标与质量标准不一致☞

  个别行业没有职业资格认证☞

  职业资格体系不完善☞

  其他困难_____

17. 您认为目前专业硕士培养和职业资格衔接得比较好的学科或学校是

18. 您对专业硕士培养与职业资格互通有什么建议

附录二：重庆理工大学 MPAcc 校外合作导师名单（部分）

重庆理工大学会计学院校外合作导师名单

姓名	职称	聘任时职务	导师编号
陈*文	中国注册会计师、注册税务师、注册资产评估师、注册房地产估价师、司法会计鉴定等执业资格，高级会计师职称	目前担任重庆勤业税务师事务所有限公司总经理、法定代表人；担任重庆勤业会计师事务所有限公司、重庆勤业五联资产评估房地产土地估价有限公司、重庆中宏工程造价咨询有限责任公司等的副总经理	CQUT-MPAcc-T003
叶*平	在职研究生，高级会计师，上海财大EMBA在读硕士研究生	西南证券股份有限公司财务资金部副总经理（总经理级），公司投资决策委员会委员、融资理财业务产品委员会委员、IT治理委员会委员、工会委员会委员	CQUT-MPAcc-T088
石*品	管理学博士学位	重庆市政府研究室商务处处长，渝北区发改委党组书记、主任	CQUT-MPAcc-T078

续表

姓名	职称	聘任时职务	导师编号
朱*涛	中国注册会计师（CPA），高级工程师，英国皇家特许测量师协会资深会员（FRICS），英国皇家特许测量师学会（中国）对外关系委员会副主席，英国皇家特许测量师学会（中国）（MRICS）考官主席，重庆市建设工程造价管理协会副理事长	重庆铂码集团管理合伙人执行总裁、信永中和集团重庆分公司总经理	CQUT-MPAcc-T094
程*锋	会计学博士，建筑节能工程师，中国节能协会节能产业服务委员会（EMCA）特聘培训专家，2012年~2013年兴业银行总行企业金融总部最高级别内训师	兴业银行总行环境金融部高级业务经理、兴业银行总行环境金融部处长	CQUT-MPAcc-T005
张*福	高级会计师、注册会计师、注册税务师、注册资产评估师、注册房地产估价师、注册土地估价师、人民陪审员	立信会计师事务所（特殊普通合伙）合伙人、重庆分所风险管理合伙人、四川可士可果业股份有限公司负责人	CQUT-MPAcc-T058
张*跃	经济师、中国注册税务师	巴南区税务局副局长（正处级）	CQUT-MPAcc-T061

续表

姓名	职称	聘任时职务	导师编号
傅*庆	国家注册房地产评估师、国家注册土地评估师	重庆能源投资集团香港渝能国际公司常务副总经理兼财务总监、重庆能源投资集团旗能公司财务总监、重庆市国有企业效绩评价专家咨询组成员	CQUT-MPAcc-T008
汤*奎	工商管理（MBA）硕士，高级会计师，注册会计师，注册资产评估师，房地产估价师，土地估价师，重庆市注册会计师协会专业委员会委员、专家组成员，重庆市民间组织管理局咨询专家	重庆康华会计师事务所标准部高级经理	CQUT-MPAcc-T043
李*耀	高级会计师	宗申产业集团有限公司常务副总裁	CQUT-MPAcc-T026
马*亮	高级会计师	重庆市电力公司南岸供电局总会计师、重庆市电力公司财务部副主任	CQUT-MPAcc-T036
刘*秋	中国注册会计师、国际注册内部审计师、注册税务师、注册资产评估师、证券投资顾问	重庆易立特企业管理咨询有限公司执行董事兼CEO，公司创始人	CQUT-MPAcc-T029

续表

姓名	职称	聘任时职务	导师编号
代*斌	计算数学专业研究生,高级程序员审计师、高级程序员	审计署驻重庆特派员办事处副司级审计员、全国审计信息化标准化技术委员会委员	CQUT-MPAcc-T006
曹*靖	中国注册会计师、工商管理硕士研究生、中级经济师	负责新加坡维信发展有限公司投资于西南地区（成都和重庆）房地产公司的财务管理工作、万达地产西南区域财务总监	CQUT-MPAcc-T058
张*义	中国注册会计师，注册资产评估师，律师，重庆市注册会计师协会惩戒委员会委员，重庆市发展和改革委员会重大项目稽查专家，重庆市国有资产监督管理委员会财务专家	重庆中鼎会计师事务所有限公司副所长、重庆市注册会计师协会惩戒委员会委员	CQUT-MPAcc-T064
高*毅	管理学博士，高级会计师	大连航空有限责任公司财务经理	CQUT-MPAcc-T013

附录三：重庆理工大学 MBA 校外合作导师名单（部分）

重庆理工大学 MBA 校外合作导师名单

姓名	时任职务	聘任时工作单位
安*华	内审部部长	西永微电子产业园区开发有限公司
蔡*德	人力资源部部长	重庆市地产集团
曹*雷	总经理	重庆财信物业管理有限公司
曹*勇	会长	重庆市绿色建筑与建筑产业化协会
曾*东	副局长	重庆市知识产权局
曾*逊	处长	市国资委审计一处
陈*安	总经理	重庆清研资本
陈*文	副所长	重庆勤业会计师事务所有限公司
陈*菱	总经理	重庆智浩工程咨询有限公司
陈*刚	原副局长	重庆市知识产权局
陈*武	采购处处长	重庆市财政局
陈*海	董事、财务总监	重庆天原化工有限公司
陈*东	党委书记、工会主席	中国嘉陵工业股份有限公司（集团）
陈*刚	董事长、CEO	重庆京师科技有限公司
谌*果	主任科员	重庆市金融工作办公室综合处
但*敏	财务总监	重庆路桥股份有限公司
邓*超	所长	重庆市教育科学研究院高等教育研究所

续表

姓名	时任职务	聘任时工作单位
丁*华	副主任	重庆市巴南区经济和信息化委员会
杜*立	董事长	重庆狼卜品牌策划有限公司
段*莉	董事长	重庆道尔敦会计师事务所有限公司
方*燕	副处长	重庆市商务委员会组织人事处
冯*中	常务副总裁	重庆商报社（汇融集团）
冯*熔	财务中心负责人	重庆新鸥鹏地产集团
高*翔	副总经理	重庆市小微企业融资担保有限公司
桂*娟	副总经理	重庆市通信产业服务有限公司
郭*穆	董事长、会长	重庆华油天然气有限责任公司、重庆贵州商会
何*力	首席投资顾问、部门总经理	国泰君安证券重庆分公司
贺*军	总经理	重庆市科技金融集团公司
胡*郸	总经理	交通银行重庆市分行投行机构部
胡*望	公司业务部总经理	中国建设银行重庆市分行
胡*京	处长	重庆市社会保险局医保工伤生育待遇处
黄*迈	投资发展部副经理	重庆江北嘴投资集团
江*山	规划咨询处处长	重庆国际投资咨询集团有限公司
姜*维	执行董事	重庆玺尚瑞企业管理咨询有限责任公司
蒋*全	规划发展处处长	重庆市知识产权局 重庆市对外贸易经济委员会
赖*瑜	总经理	重庆两江新区物业管理有限公司
李*宏	联合创始人	重庆京师科技有限公司
李*陵	董事长、总经理	重庆汇通房地产土地估价与资产评估有限公司

续表

姓名	时任职务	聘任时工作单位
李*生	总经理	中国移动通信集团重庆有限公司巴南分公司
李*华	总经理	重庆市小微企业融资担保有限公司
李*德	执行院长	重庆博众城市发展管理研究院
李*疏	书记、副经理	中国诚通物流有限公司丰收坝分公司
李*峰	顾问、合伙人	远卓管理顾问有限公司
李*勇	教育培训处处长	重庆市经济和信息化委员会
廖*斌	总经理	重庆拓达展览有限公司
廖*敏	合伙人、董事长	北京大成律师事务所重庆分所
廖*松	副总经理	重庆建工住宅建设有限公司
刘*义	董事长	重庆中斯加特（集团）实业股份有限公司
刘*风	党委委员、副总裁	重庆两江新区开发投资集团有限公司
刘*秋	执行董事兼CEO	重庆易立特企业管理咨询有限公司
刘*鸿	金融事业部主管	重庆对外经贸（集团）有限公司
刘*科	副处长	重庆市规划和自然资源局审计处
刘*毅	副总经理、监事会主席	太极集团重庆桐君阁药厂有限公司
刘*利	董事长	重庆中集物流有限公司
路*原	市场发展部总经理	重庆对外经贸（集团）有限公司
罗*嵩	总经理	金科物业服务集团有限公司
罗*秋	投融资副总经理	重庆亿琅投资管理有限公司
蒙*原	副所长	重庆康华会计师事务所
米*元	副县长	重庆市丰都县人民政府
缪*星	创始人、董事长	深圳圣美创达现代农业投资有限公司

续表

姓名	时任职务	聘任时工作单位
潘*雷	部长	重庆建峰工业集团有限公司
潘*东	副院长	重庆博众房地产管理研究院
彭*华	纪委书记	中国证监协会监管办
皮*竟	科技管理处副处长	重庆市农业科学院
齐*红	总经理	重庆鼎格科技有限公司
邱*烈	董事长	重庆市民协服务发展股份有限公司
阮*伟	董事长	江屿文旅（自有企业）
沈*华	副总经理	重庆建工集团股份有限公司
石*泉	董事长	重庆永尚旅游发展有限公司
舒*华	总经理	重庆众创齐达人力资源管理有限公司
舒*勋	董事、副总经理	重庆南方摩托车有限责任公司
宋*军	院长、常务副校长	重电国际艺术学院院长
孙*忠	处长	重庆市扶贫开发办公室
唐*彬	财务部经理	重庆市渝剑控股（集团）有限公司
唐*长	常务副总经理	重庆秦安机电股份有限公司
童*立	副局长	重庆市渝北区旅游局
汪*奎	董事长	重庆首信皇冠房地产开发有限公司
王*菊	总经理	重庆渝隆资产管理有限公司
王*波	副总经理	浪潮集团重庆分公司
王*明	总经理	中国移动重庆公司南岸分公司
王*辉	总经理	重庆立恩企业管理咨询有限公司
王*渝	副局长	重庆市地税局
王*青	总经理	重庆景韬企业管理顾问有限公司

续表

姓名	时任职务	聘任时工作单位
王*强	董事长	重庆万民同创实业集团有限公司
温*俊	副局长、党组成员	重庆市生态环境局
文*力	总经理	重庆嘉陵特种装备有限公司
吴*文	院长	重庆华略数字文化研究院
伍*雪	董事长	重庆市科技金融集团公司
夏*耘	秘书长	重庆国际货代协会
向*虎	副总经理	重庆润泽医药公司
肖*飞	总经理兼董事长	重庆港澳大家软件产业有限公司
肖*强	总经理	重庆前创商业保理有限公司
肖*春	人事处处长	重庆市财政局
谢*民	工会办主任	重庆烟草工业公司黔江分厂
徐*骞	副总经理	新华基金管理股份有限公司
徐*明	副总经理兼创意总监	重庆浪尖渝力科技有限公司
徐*帆	董事长	重庆南方科技有限公司
许*明	监事会主席	重庆青山工业有限责任公司
阎*斌	执行院长	重庆博众房地产管理研究院
阳*军	金融部部长	重庆猪八戒网络有限公司
杨*枫	副总经理	重庆亚德科技股份有限公司
杨*琳	财务经理	重庆市西站投资发展有限公司
杨*洋	办公室主任	重庆交通科研设计院
杨*勇	副总经理	重庆天怡控股集团有限公司
于*强	人力资源部总经理	重庆交通科研设计院

续表

姓名	时任职务	聘任时工作单位
余*元	执行总裁、董事	深圳市之平物业发展有限公司
张*春	董事长	重庆中博房地产投资咨询有限公司
张*伟	监事会主席	重庆渝隆资产管理（集团）有限公司
张*斌	副总经理	重庆清研资本
张*鸣	副总经理	重庆秦安机电股份有限公司
张*军	首席执行官	重庆正银广惠股权投资基金管理有限公司
张*力	副总经理	重庆市铁路集团
张*瑞	行长	建设银行重庆分行渝中区支行
张*佳	创始人兼CEO	产业互联网创新工场
赵*硕	副总经理	重庆登康口腔护理用品股份有限公司
赵*勇	总经理	重庆红宇摩擦制品有限公司
郑*利	总经理	中梁控股新渝区域公司事业部
钟*森	副总编辑	中国兵器报社
钟*伟	秘书长	重庆服务贸易（外包）协会秘书长
钟*曦	常务副总经理	重庆市渝地资产经营管理有限公司
周*超	专利代办处处长	重庆市知识产权局
周*文	办公室主任	东方鑫源控股有限公司
周*晋	院长	重庆长江商管院
周*勇	处长	中共重庆市委宣传部网络应急处
周*强	副总经理	中国嘉陵工业股份有限公司（集团）
周*华	书记、副处长	重庆钢铁股份有限公司原材料处
朱*勇	董事长	铭腾机构
祝*金	副主任	重庆市渝中区发改委

附录四：2012年~2018年重庆理工大学MPAcc大讲堂汇总（网站）

2012年~2018年重庆理工大学MPAcc大讲堂汇总

名称	主讲人	日期
军民融合业务多元化背景下的建设工业公司绩效评价设计	李*岩	2018-11-27
MPAcc案例开发与论文写作	邹*艳	2018-11-19
大数据智能化在互联网企业的应用场景与案例分析	谭*柱	2018-11-12
企业战略转型、财务云适配与会计人才培养	曲*辉	2018-11-08
CIMA-MPAcc快速通道宣讲会	朱*原	2018-11-05
用第三只眼睛洞悉中国资本市场财务黑洞	姚*星	2018-10-15
大讲堂——互联网+管理会计在跨国公司的实际运用	马*华	2018-09-25
漫谈会计人的核心素养	李*波	2018-05-29
漫谈研究性学习与创新思维的培养	徐*华	2018-04-23
不良业绩对企业盈余生成过程干扰机制研究	钟*勇	2018-03-26
中国式"现金分红之谜"研究：访新西兰后的若干思考	杨*宝	2018-03-15
大数据监管下的企业涉税规划问题探讨	王*礼	2018-03-08

续表

名称	主讲人	日期
财务舞弊新进展——监管、方法与案例解析	姚*星	2017-11-02
产业发展新趋势 财务人才新需求	郭*钧	2017-10-23
集团企业资金管理理论与实践	徐*音	2017-10-23
CIMA 快速通道宣讲会	朱*原	2017-10-23
开学第一课	程*果、李*涛、陈*键、杨*元、殷*玲	2017-09-08
对 ppp 项目政策的解读及高端人才培养	朱*涛	2017-05-16
会计的未来：消亡还是重生？	施*旺	2017-04-17
非正式制度安排、文化影响与公司行为	杜*强	2017-03-15
会计伴我成长	杨*玉	2016-11-14
我国会计师事务所面临的若干重大挑战	陈*深	2016-11-04
树立危机意识，做优秀会计人	左*伦	2016-10-21
让梦想照进现实：谈财会人员的职业规划与求职技巧	王*波	2016-07-07
我与 ACCA	吴*玲	2016-05-03
财经秩序与我们的审计精神——基于审计案例与联合国审计角度	黄*兵	2016-04-26
职业技能如何与工匠精神、专业主义融合	何*泽	2016-03-25
会计名家公益大讲堂预告	王*成	2016-03-14

续表

名称	主讲人	日期
独立董事关联、会计信息可比性与高质量审计需求	刘＊斌	2016-03-07
大数据及其在互联网金融中的应用	苏＊云	2016-01-05
实践中的财务会计与管理会计	陈＊勇	2015-12-14
全面预算管理在重庆建工新型建材公司的应用	张＊礼	2015-12-07
财务舞弊案例分析	姚＊星	2015-11-16
新三板：分享资本市场盛宴	商＊军	2015-11-03
资产评估与价值发现	石＊慧	2015-10-23
财务尽职调查相关实务问题解析	唐＊衡	2015-10-12
会计师事务所与执业理念	吴＊虹	2015-09-21
快乐学习，快乐工作，快乐生活——做一个快乐的会计人	王＊勇	2015-09-15
新三板概况与财务审计	侯＊明	2015-06-16
制度反腐背景下的审计工作的思考	庹＊贵	2015-06-10
互联网金融	刘＊国	2015-06-02
证券公司纳税案例分析	叶＊平	2015-05-11
集团、上市公司如何利用wind资讯优化工作	李＊瑶	2015-05-04
财会类学术论文写作技巧	李＊涛	2015-04-21
规范与实证会计学术论文的构思、创作	杨＊宝	2015-04-13
做产生价值的研究	熊＊榆	2015-04-07
对新常态下ppp模式的解读	朱＊涛	2015-03-09
IPO实务专题	姚＊星	2014-12-01

续表

名称	主讲人	日期
会计职业风险与风险管理	税*华	2014-11-24
重庆地税税收信息化与总局金税三期建设	陈*俊	2014-10-27
财务会计学生人生目标与职业规划	汤*奎	2014-10-20
国家标准会计核算软件数据接口及ERP数据接口专题	毛*扬	2014-10-15
基于粘合效应视角的交叉上市与投资者保护研究	安*灵	2014-10-11
注册会计师职业规划分享交流会	秦*俸	2014-06-29
我国证券公司重组上市会计处理重点环节理念分享——以××证券公司重组上市为例	叶*平	2014-04-08
电商崛起对重庆商贸业发展的影响及应对策略研究	石*品	2014-03-26
关注会计学院研究生发展之路	阎*明	2014-03-19
对领导干部实行自然资源资产责任审计的研究	朱*涛	2014-03-15
企业内部控制与风险管理实务	张*福	2013-12-12
会计/审计职业发展新挑战和新机遇	郑*涛	2013-11-28
土地增值税解读	张*跃	2013-11-28
会计研究生学习方法及未来发展的探讨	傅*庆	2013-11-21
会计研究生的职业发展规划	汤*奎	2013-10-24
"百年企业"与宗申发展战略	李*耀	2013-10-14
会计实证研究方法——数据收集与分析	石*贵	2013-10-13
中小企业风险管理	高*毅	2013-05-23

续表

名称	主讲人	日期
提升企业价值和防控经营风险中财务会计的职能定位	马*亮	2013-04-10
如何为拟上市企业建设内控体系	刘*秋	2013-03-28
信息技术在审计中的应用	代*斌	2013-03-21
金融工具中的财务分析与金融创新中的会计问题	程*锋	2013-03-19
企业财务管理框架探析——以房地产企业为例	曹*靖	2013-03-10
企业内部控制基本规范及三项指引介绍	张*福	2013-03-07
虚假会计报表的识别与分析	张*义	2012-12-05
实施会计人才强国战略——做一名优秀的会计人	左*伦	2012-11-21
CFO 向 CEO 转型的会计人生	张*礼	2012-10-31
资本市场与中国未来经济转型	商*军	2012-10-24
走进会计师事务所	汤*奎	2012-10-11
如何做一个有会计文化的会计人	李*林	2012-09-19

附录五：重庆理工大学资产评估硕士（MV）专业学位研究生课程设置表

资产评估硕士（MV）专业学位研究生课程设置表（2016年版）

课程类别		课程名称	学分	学时	考核要求	开课学期	开课单位	备注
学位课程	公共基础课程	基础英语	3	64	考试	1	外语学院	必修13学分
		统计学	2	32	考试	1	经贸学院	
		财务管理	2	32	考试	1	会计学院	
		中级宏观经济学	2	32	考试	1	经贸学院	
		中级微观经济学	2	32	考试	1	经贸学院	
		财务会计与会计准则	2	32	考试	1	会计学院	
	专业基础课程	资产评估理论与方法	2	32	考试	1	经贸学院	必修10学分
		企业价值评估	1	16	考试	2	经贸学院	
		无形资产评估	1	16	考试	2	经贸学院	
		房地产（建筑工程）估价实务	2	32	考试	2	经贸学院	
		资产评估实务与案例分析	2	32	考试	2	经贸学院	
		中外资产评估准则	2	32	考试	2	经贸学院	

续表

课程类别		课程名称	学分	学时	考核要求	开课学期	开课单位	备注
非学位课程	公共选修课程	高级英语口语	1	16	考查	2	外语学院	选修1学分
		西方历史和文化	1	16	考查	2	外语学院	
		学术论文写作	1	16	考查	2	经贸学院	
		文献检索	1	16	考查	2	图书馆	
		知识产权概论	1	16	考查	2	知产学院	
		职业生涯规划	1	16	考查	2	经贸学院	
		人际沟通艺术	1	16	考查	2	人文学院	
	专业选修课程	经济法	2	32	考查	1	经贸学院	选修8学分
		证券投资学	2	32	考查	1	经贸学院	
		人力资本投资与计量	2	32	考查	1	经贸学院	
		机电设备评估基础	2	32	考查	2	汽车学院	
		税基评估	2	32	考查	2	会计学院	
		中级计量经济学	3	48	考查	2	经贸学院	
		风险管理原理与方法	2	32	考查	2	经贸学院	
		财务报表分析	2	32	考查	2	会计学院	
		汽车经纪与评估	2	32	考查	2	汽车学院	
		机动车鉴定估价	2	32	考查	2	汽车学院	
		知识产权评估	2	32	考查	2	知产学院	
		房地产评估理论与实务	2	32	考查	2	经贸学院	
		项目评估	2	32	考查	2	经贸学院	

续表

课程类别	课程名称	学分	学时	考核要求	开课学期	开课单位	备注
补修课程	由导师根据研究生个人情况确定						不计学分
专业实践	职业道德教育	2		不少于半年，应届本科毕业生原则上不少于1年			必修，6学分
	实务实习	4					

附录六：中国40种硕士专业学位概览

序号	专业学位类型	英文名称及缩写	获批年份	人才培养目标	对应的职业类型
1	金融硕士	Master of Finance（MF）	2010年	培养具备良好的政治思想素质和职业道德素养，充分了解金融理论与实务，系统掌握投融资管理技能、金融交易技术与操作、金融产品设计与定价、财务分析、金融风险管理以及相关领域的知识和技能，具有很强的解决金融实际问题能力的高层次、应用型金融专门人才	银行从业人员 证券业从业人员 期货业从业人员 注册国际投资分析师 精算师 金融理财师 国际金融理财师
2	应用统计硕士	Master of Applied Statistics（MAS）	2010年	培养具备良好的政治思想素质和职业道德素养，具有良好的统计学背景，系统掌握数据采集、处理、分析和开发的知识与技能，具备熟练应用计算机处理和分析数据的能力，能够在国家机关、党群团体、企事业单位、社会组织及科研教学部门从事统计调查咨询、数据分析、决策支持和信息管理的高层次、应用型应用统计专门人才	统计人员

续表

序号	专业学位类型	英文名称及缩写	获批年份	人才培养目标	对应的职业类型
3	税务硕士	Master of Taxation (MT)	2010年	面向税务机关、企业、中介机构及司法部门等相关职业，培养具备良好的政治思想素质和职业道德素养，系统掌握税收理论与政策、税收制度、税务管理以及相关领域的知识和技能，充分了解税务稽查、税务筹划以及税务代理等高级税收实务并熟练掌握其分析方法与操作技能，具有解决实际涉税问题能力的高层次、应用型专门人才	注册税务师 税收征管人员
4	国际商务硕士	Master of International Business (MIB)	2010年	适应经济全球化需要，培养胜任在涉外企事业单位、政府部门和社会团体从事国际商务经营运作与管理工作，具备良好的政治思想素质和职业道德素养，通晓现代商务基础理论，具备完善的国际商务知识、国际商务分析与决策能力，熟练掌握现代国际商务实践技能，具有较高的外语水平和较强的跨文化交流能力的高层次、应用型、复合型国际商务专门人才	跨国经营管理人员 国际商务营销人员 国际投资管理人员 国际经济法律人员 国际商务谈判人员

续表

序号	专业学位类型	英文名称及缩写	获批年份	人才培养目标	对应的职业类型
5	保险硕士	Master of Insurance（MI）	2010年	面向各类保险公司、保险监管机构、灾害预防和控制机构、社会保障组织和各类企事业单位，培养具备良好的政治思想素质和职业道德，掌握经济学基础知识，具有从事风险评估与管理、保险产品设计、保险精算、保险财务管理和保险运营管理能力的高层次、应用型、复合型保险专门人才	保险经纪人从业人员 保险代理从业人员 保险公估从业人员
6	资产评估硕士	Master of Valuation（MV）	2010年	面向资产评估行业，培养具备良好的政治思想素质和职业道德，系统掌握资产评估基本原理，具备从事资产评估职业所要求的知识和技能，对资产评估实务有充分的了解，具有很强的解决实际问题能力的高层次、应用型的资产评估专门人才	价格鉴证师 价格评估人员 矿业权评估师 房地产估价师 矿产储量评估师 土地登记代理人 房地产经纪人 土地估价师
7	审计硕士	Master of Auditing（MAud）	2011年	培养具备良好的政治思想素质和职业道德素养，系统掌握现代审计学基本理论及相关领域的知识和技能，具有开阔的国际视野、较强的专业能力、能够创造性地从事审计工作的高层次、应用型审计专门人才	

续表

序号	专业学位类型	英文名称及缩写	获批年份	人才培养目标	对应的职业类型
8	法律硕士	Juris Master（JM）	1995年	培养专门型、实务型法律专门人才	
9	社会工作硕士	Master of Social Work（MSW）	2008年	培养能够胜任针对不同人群及领域的社会服务与社会管理的应用型高级专业人才	从事社会福利、社会救助、社区建设、就业服务、医疗卫生、扶贫发展、优抚安置、慈善事业、婚姻与家庭生活服务、教育辅导、司法矫正、劳动者权益维护、青少年服务、儿童保护、妇女及老年服务与权益维护等工作
10	警务硕士	Master of Policing（MP）	2010年	培养具备良好的政治思想素质和职业道德修养，忠诚可靠、业务扎实、敢于创新、精于实战，具有综合运用法律、公安基础理论、经济、科技、外语等知识，独立从事各项公安工作能力的高层次、应用型公安专门人才	
11	教育硕士	Master of Education（Ed. M）	1996年	培养高素质的中小学教师、教育管理领域高级专门人才	

续表

序号	专业学位类型	英文名称及缩写	获批年份	人才培养目标	对应的职业类型
12	体育硕士	Master of Science in Physical Education（MSPE）	2005年	培养能独立承担体育专业技术或管理工作的高层次应用型体育专门人才	
13	汉语国际教育硕士	Master of Teaching Chinese to Speakers of Other Languages（MTCSOL）	2007年	培养适应汉语国际推广工作，胜任多种教学任务的高层次、应用型、复合型、国家化专门人才	
14	应用心理硕士	Master of Applied Psychology（MAP）	2010年	培养具备良好的政治思想素质和职业道德素养，掌握良好心理学基础知识，具有将心理学理论和技术应用于某一相关领域以解决实际问题的能力，适应社会、经济、文化、教育、医疗、国防、体育等某一特定职业领域需要的高层次应用型心理学专门人才	高级心理咨询师
15	艺术硕士	Master of Fine Arts（MFA）	2005年	培养高层次、应用型艺术专门人才	

附 录

续表

序号	专业学位类型	英文名称及缩写	获批年份	人才培养目标	对应的职业类型
16	翻译硕士	Master of Translation and Interpreting（MTI）	2007年	培养高层次、应用型、专业性口笔译人才	
17	新闻与传播硕士	Master of Journalism and Communication（MJC）	2010年	培养具备良好的政治思想素质和职业道德素养，具有现代新闻传播理念与国际化视野，深入了解中国基本国情，熟练掌握新闻传播技能与方法的高层次、应用型新闻传播专门人才	广播电视新闻采编人员、播音员、主持人 新闻记者
18	出版硕士	Master of Publishing（MP）	2010年	培养具备良好的政治思想素质和职业道德素养，掌握出版专业知识和技能，具有较宽的知识面，能够综合运用管理、经济、法律、外语、计算机等知识解决出版业实际问题，适应现代出版业发展需要的高层次、复合型、应用型出版专门人才	出版专业技术人员

续表

序号	专业学位类型	英文名称及缩写	获批年份	人才培养目标	对应的职业类型
19	文物与博物馆硕士	Master of Cultural Heritage and Museology（MCHM）	2010年	为各级文物管理机构及各类博物馆、研究机构、出版机构、社团组织、文物商店、拍卖行等，培养具备良好的政治思想素质和职业道德素养，具有现代文博事业理念，较好掌握文物与博物馆及相关领域的知识和技能，能胜任较高水平业务或管理工作的高层次、应用型文物与博物馆专门人才	文物博物职称评定
20	建筑学硕士	Master of Architecture（MA）	1992年	培养建筑设计专门人才	
21	工程硕士	Master of Engineering（ME）	1997年	培养应用型、复合式高层次工程技术和工程管理人才	技术创新、技术改造、技术转型、技术转轨等工程技术项目中的研发人员；新产品、新设备、新装备的设计人员和市场开发人员；产品开发、产品制造、产品生产过程或工程建设项目中的管理者；产业、工程发展战略中的研究者和决策者

附 录

续表

序号	专业学位类型	英文名称及缩写	获批年份	人才培养目标	对应的职业类型
22	城市规划硕士	Master of Urban Planning（MUP）	2010年	培养具备良好的政治思想素质和职业道德素养，具有"以人为本、服务社会、科学发展"的专业价值观，掌握城市规划与设计的理论、方法和技术，熟悉相关学科的理论和知识，能够胜任城市规划管理和城市规划设计领域实务工作的高层次、应用型城市规划专门人才	注册城市规划师
23	农业推广硕士	Agricultural Extension Master（MAE）	1999年	培养具有综合职业技能的应用型、复合型高层次人才	
24	兽医硕士	Master of Veterinary Medicine（VMM）	1999年	培养从事兽医资源管理、技术监督、市场管理与开发、兽医临床工作和现代化兽医业务与管理的应用型、复合型高层次人才	
25	风景园林硕士	Master of Landscape Architecture（MLA）	2005年	主要为风景园林事业相关领域培养应用型、复合型、高层次的专门人才	

续表

序号	专业学位类型	英文名称及缩写	获批年份	人才培养目标	对应的职业类型
26	林业硕士	Master of Forestry（MF）	2010年	培养具备良好的政治思想素质和职业道德素养，具有系统的林业基本理论和专业知识，熟练运用现代林业技术，适应林业及生态建设发展需要的高层次、应用型、复合型林业专门人才	林业工程师
27	临床医学硕士	Master of Medicine（M.M.）	1998年	培养高层次、高水平的临床医师	临床医师
28	口腔医学硕士	Master of Stomatological Medicine（S.M.M）	2000年	培养高层次口腔临床医师	口腔医师
29	公共卫生硕士	Master of Public Health（MPH）	2001年	培养高层次公共卫生应用型专门人才	
30	护理硕士	Master of Nursing Specialist（MNS）	2010年	培养具备良好的政治思想素质和职业道德素养，具有本学科坚实的基础理论和系统的专业知识、较强的临床分析和思维能力，能独立解决本学科领域内的常见护理问题，并具有较强的研究、教学能力的高层次、应用型、专科型护理专门人才	护士 母婴保健技术服务人员

续表

序号	专业学位类型	英文名称及缩写	获批年份	人才培养目标	对应的职业类型
31	药学硕士	Professional Master of Pharmacy（M. Pharm）	2010年	面向药物技术转化、生产、流通、使用、监管等职业领域，培养具备良好的政治思想素质和职业道德素养，较好掌握药学及相关学科专业知识，具有较强的技术创新能力和解决实际问题能力的高层次、应用型药学专门人才	执业药师 药学专业技术人员
32	中药学硕士	Master of Chinese Materia Medica（MCMM）	2010年	热爱中医药事业，具备良好的专业素质和职业道德，系统掌握本学科基本理论和专业技能，具有较强的实践能力和创新精神，能结合实际工作发现问题、提出问题、分析和解决问题，胜任中药生产、质量评价与控制、新药研发、注册申请、流通管理、合理使用、临床及社会服务等工作高层次、应用型的中药学专门人才	
33	军事硕士	Master of Military Science（MMS）	2002年	培养军队军事、政治、后勤、装备等中级指挥军官	

续表

序号	专业学位类型	英文名称及缩写	获批年份	人才培养目标	对应的职业类型
34	工商管理硕士	Master of Business Administration（MBA）	1990年	培养企业或经济管理部门的高级经营管理专门人才	
35	公共管理硕士	Master of Public Administration（MPA）	1999年	培养政府部门及非政府公共机构的高层次、应用型专门人才	
36	会计硕士	Master of Professional Accounting（MPAcc）	2004年	培养高层次、应用型的会计专门人才	
37	旅游管理硕士	Master of Tourism Administration（MTA）	2010年	培养具备良好的政治思想素质和职业道德素养，掌握旅游基本理论知识和管理方法及技能，熟悉旅游业务实际，具有优秀的沟通能力和解决实际问题的综合能力，能够胜任现代旅游业实际工作需要的高层次、应用型、复合型旅游管理专门人才	

续表

序号	专业学位类型	英文名称及缩写	获批年份	人才培养目标	对应的职业类型
38	图书情报硕士	Master of Library and Information Studies（MLIS）	2010年	培养具备良好的政治思想素质和职业道德素养，掌握扎实的图书情报专业知识和技能，具有较高的外语水平和较强的跨文化交际能力，具有综合运用管理、经济、法律、计算机等知识解决图书情报工作实际问题能力，适应社会信息化和国民经济建设需要的高层次、应用型、复合型图书情报专门人才	高级图书资料馆员 高级图书资料修复师
39	工程管理硕士	Master of Engineering Management（MEM）	2010年	培养具备良好的政治思想素质和职业道德素养，掌握系统的管理理论、现代管理方法，以及相关工程领域的专门知识，能独立担负工程管理工作，具有计划、组织、协调和决策能力的高层次、应用型工程管理专门人才	注册咨询工程师（投资） 造价工程师 注册咨询工程师 投资建设项目管理师
40	中医硕士	Master of Chinese Medicine（MCM）	2015	培养具备良好的专业素质和职业道德，系统掌握中医基础理论、专业知识和临床技能，同时掌握必要的现代医疗技术，具有较强的传承学习能力、实践能力和临床研究能力，能够独立从事中医临床工作的高层次应用型专门人才	

附录七：现存 139 种职业资格（全名）

专业技术人员职业资格（共计 58 项。其中准入类 35 项，水平评价类 23 项）

准入类			
教师资格	注册消防工程师	法律职业资格	中国委托公证人资格（香港、澳门）
注册会计师	民用核安全设备无损检验人员资格	民用核设施操纵人员资格	注册核安全工程师
注册建筑师	监理工程师	房地产评估师	造价工程师
注册城乡规划师	建造师	勘探设计注册工程师	注册验船师
船员资格（含船员、渔业船员）	兽医资格	拍卖师	演出经纪人员资格
医生资格	护士执业资格	母婴保健技术服务人员资格	出入境检疫处理人员资格
注册设备监理师	注册计量师	广播电视播音员、主持人资格	新闻记者职业资格
注册安全工程师	执业药师	专利代理人	导游资格
注册测绘师	航空人员资格	特种设备检验、检测人员资格认定	

续表

水平评价类			
工程咨询（投资）专业技术人员职业资格	通信专业技术人员职业资格	计算机技术与软件专业技术资格	社会工作者职业资格
会计专业技术资格	资产评估师	经济专业技术资格	土地登记代理专业人员职业资格
环境影响评价工程师	房地产经纪专业人员职业资格	机动车检测维修专业技术人员职业资格	公路水运工程试验检测专业技术人员职业资格
水利工程质量检测员资格	卫生专业技术资格	审计专业技术资格	税务师
认证人员职业资格	出版专业技术人员职业资格	统计专业技术资格	银行业专业人员职业资格
证券期货业从业人员资格	文物保护工程从业资格	翻译专业资格	

技能人员职业资格（共计81项。其中准入类5项，水平评价类76项）

准入类			
消防设施操作员	焊工	家畜繁殖员	健身和娱乐场所服务人员
轨道交通运输服务人员			

水平评价类			
土木工程建筑施工人员	房屋建筑施工人员	水生产、输排和水处理人员气体生产、处理和输送人员	电力、热力生产和供应人员

续表

仪器仪表装配人员	电子设备装配调试人员	计算机制造人员	电子器件制造人员
气体生产、处理和输送人员	电子元件制造人员	电线电缆、光纤光缆及电工器材制造人员	输送电及控制设备制造人员
汽车整车制造人员	医疗器械制品和康复辅具生产人员	金属加工机械制造人员	工装工具制造加工人员
机械热加工人员	机械冷加工人员	硬质合金生产人员	金属轧制人员
轻有色金属冶炼人员	重有色金属冶炼人员	炼钢人员	炼铁人员
矿物采选人员	陶瓷制品制造人员	玻璃纤维及玻璃纤维增强塑料制品制造人员	水泥、石灰、石膏及其制品制造人员
药物制剂人员	中药饮片加工人员	涂料、油墨、颜料及类似产品制造人员	农药生产人员
化学肥料生产人员	基础化学原料制造人员	化工产品生产通用工艺人员	炼焦人员
工艺美术品制作人员	木制品制造人员	纺织品和服装剪裁缝纫人员	印染人员
织造人员	纺纱人员	纤维预处理人员	酒、饮料及精制茶制造人员
乳制品加工人员	粮油加工人员	动植物疫病防治人员	农业生产服务人员
康复矫正服务人员	健康咨询服务人员	计算机和办公设备维修人员	汽车摩托车修理技术服务人员

续表

保健服务人员	美容美发服务人员	生活照料服务人员	有害生物防制人员
环境治理服务人员	水文服务人员	水利设施管养人员	地质勘查人员
检验、检测和计量服务人员	测绘服务人员	安全保护服务人员	人力资源服务人员
物业管理服务人员	信息通信网络运行管理人员	广播电视传输服务人员	信息通信网络维护人员
餐饮服务人员	仓储人员	航空运输服务人员	道路运输服务人员
消防和应急救援人员	通用工程机械操作人员	建筑安装施工人员	机械设备修理人员

附录八：注册会计师与资产评估师考试要求（2018年）

注册会计师

注册会计师（Certified Public Accountant，简称 CPA）考试由财政部成立的注册会计师考试委员会（简称财政部考委会）组织领导全国统一考试工作。考试科目为《会计》《审计》《财务成本管理》《经济法》《税法》《公司战略与风险管理》。

一、CPA 考试报名条件：

1. 同时符合下列条件的中国公民，可以申请参加注册会计师全国统一考试专业阶段考试：
（1）具有完全民事行为能力；
（2）具有高等专科以上学校毕业学历，或者具有会计或者相关专业中级以上技术职称。

2. 同时符合下列条件的中国公民，可以申请参加注册会计师全国统一考试综合阶段考试：
（1）具有完全民事行为能力；
（2）已取得注册会计师全国统一考试专业阶段考试合格证。

3. 有下列情形之一的人员，不得报名参加注册会计师全国统一考试：
（1）因被吊销注册会计师证书，自处罚决定之日起至申请报名之日止不满5年者；

（2）以前年度参加注册会计师全国统一考试因违规而受到禁考处理期限未满者；

（3）已经取得全科合格者。

二、成绩管理

每科考试均实行百分制，60 分为成绩合格分数线。

1. 专业阶段

专业阶段考试科目：会计、审计、财务成本管理、公司战略与风险管理、经济法、税法 6 个科目；专业阶段考试的单科考试合格成绩 5 年内有效。对在连续 5 个年度考试中取得专业阶段全部科目考试合格成绩的应考人员，财政部考委会颁发专业阶段考试合格证书。

2. 综合阶段

综合阶段考试科目：职业能力综合测试（试卷一、试卷二）；综合阶段考试科目应在取得注册会计师全国统一考试专业阶段考试合格证书后完成。对取得综合阶段考试科目考试合格成绩的考生，财政部考委会颁发注册会计师全国统一考试全科合格证。参加注册会计师全国统一考试的应考人员，在取得注册会计师全国统一考试专业阶段考试合格证后 5 个年度内，取得综合阶段职业能力综合测试合格成绩者，财政部考委员颁发全科合格证书。

注册资产评估师

资产评估师也称注册资产评估师，是指经资产评估师职业资格考试合格，取得《资产评估师职业资格证书》并经中国资产评估协会登记的资产评估专业管理人员，主要从事资产评估工作。

考试科目由为《资产评估基础》《资产评估相关知识》《资产评估实务（一）》《资产评估实务（二）》。

一、报考条件

1. 同时符合下列条件的中华人民共和国公民，可以报名参加资产评估师资格考试：

（1）具有完全民事行为能力；

（2）具有高等院校专科以上（含专科）学历。

2. 符合上述报名条件，暂未取得学历（学位）的大学生可报名参加考试。

二、成绩管理

1. 试卷满分为 100 分，合格分数一般设在 60 分。

2. 考试以 4 年为一个周期，参加全部科目考试的人员须在连续 4 个考试年度内通过全部科目的考试。参加 4 个科目考试的人员须在连续 4 个考试年度内通过所报科目的考试，可取得相应资产评估师职业资格证书。

3. 资产评估师职业资格考试合格，由中国资产评估协会颁发人力资源社会保障部、财政部监制，中国资产评估协会用印的《中华人民共和国资产评估师职业资格证书》。该证书在全国范围有效。

三、免试条件

符合考试报名条件，并具备下列一项条件的人员，可免试相应科目。

1. 按照国家有关规定评聘为高级经济师（或本专业副教授、副研究员及以上）专业技术职务，可免试资产评估师职业资格

《经济法》科目,只参加《资产评估》《财务会计》《机电设备评估》和《建筑工程评估》4个科目的考试。

2. 按照国家有关规定评聘为高级工程师(或本专业副教授、副研究员及以上)专业技术职务,可免试资产评估师职业资格《建筑工程评估》科目或者《机电设备评估》科目,只参加《资产评估》《经济法》《财务会计》和《机电设备评估》(或者《建筑工程评估》)4个科目的考试。

3. 按照国家有关规定评聘为高级会计师、高级审计师(或本专业副教授、副研究员及以上)专业技术职务,可免试资产评估师职业资格《财务会计》科目,只参加《资产评估》《经济法》《机电设备评估》和《建筑工程评估》4个科目的考试。

4. 通过全国统一考试取得珠宝玉石质量检验师职业资格证书,可免试资产评估师(珠宝)职业资格《珠宝鉴定与分级》科目,只参加《资产评估》《经济法》《珠宝评估方法》和《珠宝评估案例分析》4个科目的考试。

5. 通过全国统一考试取得资产评估师职业资格证书,可免试资产评估师(珠宝)职业资格《资产评估》和《经济法》2个科目,只参加《珠宝鉴定与分级》《珠宝评估方法》和《珠宝评估案例分析》3个科目的考试。

附录九:重庆理工大学专业学位硕士研究生校外合作指导教师聘任办法

重庆理工大学专业学位硕士
研究生校外合作指导教师聘任办法

为落实专业学位研究生教育双导师制度,加强我校与校外实践基地的交流与合作,保证专业硕士学位研究生的培养质量,加强硕士专业学位研究生校外合作指导教师(以下简称"合作导师")聘任工作,根据国务院学位办《关于加强和改进专业学位教育工作的若干意见》(学位〔2002〕1号)和教育部《关于做好全日制硕士专业学位研究生培养工作的若干意见》(教研〔2009〕1号)文件精神,特制定本办法。

一、校外合作导师的聘请范围

遵循"实用、精干、互补、高效"的原则,校外合作导师应优先从与我校具有长期合作关系、与硕士专业学位培养相关的科研院所、政府机关、企业集团中选聘,促进优质资源整合与共享。

二、校外合作导师的聘请条件

(一)热爱硕士研究生教育事业,具有科学的教育理念、高度的事业心与责任感、较强的合作精神、良好的沟通协调能力；积极自愿承担导师工作，并能抽出一定时间用于传授指导。

（二）在工作一线从事相关领域的研究、设计、管理等相关活动5年以上；在所在单位主要部门担任重要职务或技术骨干，在本领域具有丰富的实践经验、较突出的工作成绩和较高的业务水平；一般应具有副高级以上专业技术职称或相当职务，具备本科以上文化程度。

三、校外合作导师的聘请程序

（一）本人申请。本人向学院（中心）提出申请，并提交《重庆理工大学硕士专业学位研究生校外合作指导教师资格申请表》（见附件1），附相关证明材料。

（二）学院（中心）初审。各学院（中心）学位评定分委员会负责校外合作导师聘任的前期具体工作：先根据本学院、相关专业学位类型及领域的实际情况，对申请者具备的条件进行认真审议，初步确定拟聘任为校外合作导师的人员名单，然后将推荐人员汇总到《重庆理工大学硕士专业学位研究生校外合作指导教师资格申请汇总表》（见附件2），将申报材料一并上报研究生处。

（三）研究生处对各学院（中心）上报的申请人进行资格复审，并组织评议，通过者正式聘为我校校外合作导师并颁发导师聘书。

四、校外合作导师管理

（一）校外合作导师纳入学校兼职教师进行管理。

（二）校外合作导师应积极参加学校或学院（中心）组织安排的必要的教学活动、学术交流、指导学生专业实践等活动。

（三）合作指导期间，研究生指导工作量为校外合作导师与校内导师共同分配，各占50%。

（四）凡不履行校外合作导师职责，违背学术道德、不适合教书育人、为人师表，或其他原因不宜继续指导研究生的，不再聘用；凡无故不承担研究生培养工作或出国逾期不归者（超过六个月），按自动解聘办理。

（五）校外合作导师聘期一般为3年（完整指导一届毕业生）。期满根据相关学院（中心）的需要和本人意愿可续聘。

五、其　他

本办法自发布之日起执行，由研究生处负责解释。

2012年7月

附件 1

重庆理工大学
专业学位硕士研究生校外合作指导教师资格申请表

姓　名		性　别		
出生年月		政治面貌		
技术职称		参加工作时间		
最高学历学位和取得时间		最后毕业院校和专业		照片
电　话		电子邮箱		
任职部门及职务				
主要社会兼职				
现从事的主要工作或研究领域				
申请指导的专业学位点（领域）名称				
申请理由				
（本人学习和工作近 5 年来在本行业或本领域所取得具有代表性的成绩，可附页）				

续表

申请人承诺：
本人郑重承诺：自愿接受重庆理工大学聘任，且能遵守各项规定，认真履行导师职责。 　　签　名：　　　　　　　年　月　日
专业学位硕士点所在学院（中心）意见： 　　该同志符合相关条件，能满足我院（中心）专业硕士研究生教育需要，经我院专业学位评定分委员会审核通过，同意推荐。 　　负责人：　　　　　　　年　月　日
研究生处审核意见： 　　负责人：　　　　　　　年　月　日

　　注：须提供学位、学历、职称、职务、单位、科研业绩等佐证材料

附件 2

重庆理工大学专业学位硕士
研究生校外合作指导教师资格申请汇总表

学院名称（盖章）：

申请专业学位点（领域）名称：

姓名	性别	出生年月	政治面貌	技术职称	所在单位职务	最后毕业院校专业	最高学历学位和取得时间	参加工作时间	主要工作领域和业绩	合作校内导师姓名

声　　明	1. 版权所有，侵权必究。
	2. 如有缺页、倒装问题，由出版社负责退换。

图书在版编目（CIP）数据

专业硕士培养与职业资格的互通机制研究与实践/邱冬阳著.—北京：中国政法大学出版社，2020.5
ISBN 978-7-5620-5615-7

Ⅰ.①专… Ⅱ.①邱… Ⅲ.①硕士生－研究生教育－关系－专业技术人员－资格认证－研究Ⅳ.①G643.7

中国版本图书馆CIP数据核字(2020)第076228号

出　版　者	中国政法大学出版社
地　　　址	北京市海淀区西土城路25号
邮寄地址	北京 100088 信箱 8034 分箱　邮编 100088
网　　　址	http://www.cuplpress.com（网络实名：中国政法大学出版社）
电　　　话	010-58908285(总编室) 58908433（编辑部） 58908334(邮购部)
承　　印	固安华明印业有限公司
开　　本	880mm×1230mm　1/32
印　　张	7.625
字　　数	177千字
版　　次	2020年5月第1版
印　　次	2020年5月第1次印刷
定　　价	35.00元